勉強するほど面白くなる

はじめての中国語

音声ダウンロード付き

新星出版社

はじめに

みなさん、こんにちは。この本を選んでいただきありがとうございます。そして、中国語への旅をお供させていただけることをとてもうれしく思っております。どうぞよろしくお願いいたします。

本書は4章の構成になっています。第1章では中国語の発音、第2章では、中国語の基本文型を語順の近いものから見ていきます。第3章では日常生活の場面でよく使われる表現をピックアップしました。第4章では中国語の時制や使役や受け身などの文型を取り上げています。第1章から第4章まで通して学習することで、中国語初級の基本文法を概ね網羅することができます。

語学の勉強において、文法を理解することはとても大事なのですが、「文法」というものに対して、「難しそう」という苦手意識をもっている方は意外と多いようです。

本書は、中国語の文法をできるだけシンプルに、わかりやすく解説することを目指しました。解説に加え、理解を助けるための文例や、読んで楽しい（はずの）コラムもいろいろ用意しました。文法が苦手な方でも、楽しく学習できると思います。また、はじめて中国語を学習する方はもちろんのこと、すでに初級を終えた方にも役立つ内容となっております。

新しいことばを学習することは、今まで住み慣れた世界から新しい世界に飛び込むことと似ています。楽しく、新鮮で、ドキドキしますが、いっぽうで慣れないことばかりで不安やストレスを感じることも多いはずです。この先、学習を進めていくうち、きっといろいろな困難や難問にぶつかることでしょう。

そんなときは、ぜひ、自分を褒めてあげてください。わからないことがたくさん出てきて、「難しい！」と思うのは、それだけ一生懸命に勉強に取り組んでいるということだからです。

中国語に触れたことがなければ、「中国語がわからない」と思うことすらもないのですから。問題が見えたときこそ、新しい段階へ成長したことを意味するのではないかと私は思うのです。

このように自分を称え、しばし休憩もはさみつつ、引き続き勉強を続けてみてください。継続は力なり！ です。

ぜひ、最後までこの本とお付き合いいただけたら幸いです。

李　菲

本書の使い方

本書は、中国語の初学者が無理なく自然に学んでいけるよう４つの章で構成されています。

第１章　中国語のしくみ

QRコードで各課の例文の音声を聴くことができます。

中国語の成り立ちから、声調、ピンイン、声調変化など、発音の基本をくわしく解説しています。

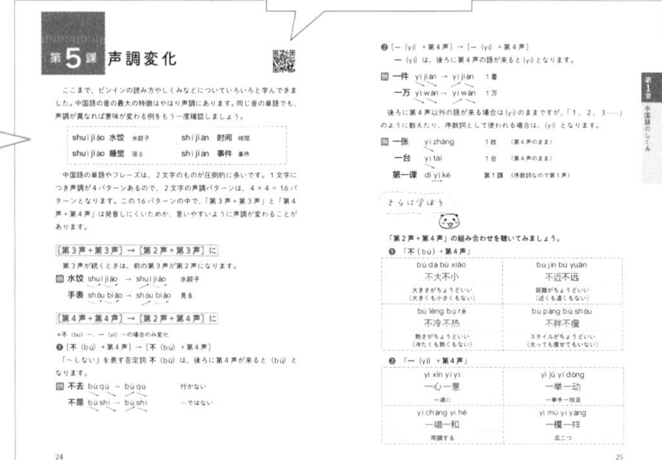

第５課 声調変化

ここまで、ピンインの読み方やしくみなどについていろいろと学んできました。中国語の音の最大の特徴はやはり声調にあります。同じ音の単語でも、声調が異なれば意味が変わる例をもう一度確認しましょう。

shuǐjiǎo 水饺 水餃子	shíjiān 时间 時間
shuìjiào 睡觉 寝る	shìjiàn 事件 事件

中国語の単語やフレーズは、２文字のものが圧倒的に多いです。１文字につき声調が４パターンあるので、２文字の声調パターンは、４×４＝16パターンとなります。この16パターンの中で、「第３声＋第３声」と「第４声＋第４声」は発音しにくいためか、言いやすいように声調が変わることがあります。

［第３声＋第３声］→［第２声＋第３声］に

第３声が続くときは、前の第３声が第２声になります。

例 水饺 shuǐjiǎo → shuíjiǎo　水餃子
　手表 shǒubiǎo → shóubiǎo　見る

［第４声＋第４声］→［第２声＋第４声］に

＊不（bù）～、一（yī）～の場合のみ変化

❶［不（bù）＋第４声］→［不（bú）＋第４声］

「～しない」を表す否定詞 不（bù）は、後ろに第４声が来ると（bú）となります。

例 不去 bùqù → búqù　行かない
　不是 bùshì → búshì　～ではない

24

❷［一（yī）＋第４声］→［一（yí）＋第４声］

一（yī）は、後ろに第４声の語が来ると（yí）となります。

例 一件 yījiàn → yíjiàn　１着
　一万 yīwàn → yíwàn　１万

後ろに第４声以外の語が来る場合は（yì）のままですが、「１、２、３……」のように数えたり、序数詞として使われる場合は、（yī）となります。

例 一张 yìzhāng　１枚　（第４声のまま）
　一台 yìtái　１台　（第４声のまま）
　第一课 dì yī kè　第１課　（序数詞なので第１声）

さらに学ぼう

「第２声＋第４声」の組み合わせを聴いてみましょう。

❶「不（bú）＋第４声」

bú dà bú xiǎo 不大不小 大きさがちょうどいい（大きくも小さくもない）	bù jìn bù yuǎn 不近不远 距離がちょうどいい（近くも遠くもない）
bù lěng bú rè 不冷不热 熱さがちょうどいい（冷たくも熱くもない）	bú pàng bú shòu 不胖不瘦 スタイルがちょうどいい（太っても痩せてもいない）

❷「一（yí）＋第４声」

yì xīn yí yì 一心一意 一途に	yì jǔ yí dòng 一举一动 一挙手一投足
yí chàng yí hè 一唱一和 同調する	yì mú yí yàng 一模一样 瓜二つ

25

第１章 中国語のしくみ

第２章〜第４章

中国語の文の構成を文型・場面・時制から学べるように構成。自分で文章をつくる力を身につけることができます。

各課で学ぶ例文の構造を紹介

各課で学ぶ文法を、実用的な文例を用いて易しく解説

新出単語をまとめています。

第１課 私は日本人です。

主語＋述語＋名詞

我 + 是 + 日本人。
私　～です　日本人

是（shì）は、「AはBである」という、A=Bの関係が成り立つことを表す動詞です。是のあとには名詞が続きます。国籍、職業、人間関係を表す言葉がBの部分に来ることが多いです。

他 是 中国人。　彼は中国人です。
我 是 老师。　私は先生です。
我 是 学生。　私は学生です。

疑問文

相手にyesかnoかを聞く疑問文は、文末に吗（ma）を置きます。「あなたの友だち」は、你「あなた」と朋友「友だち」を並べるだけでOKです。

你 是 公司职员 吗?　あなたは会社員ですか？
他 是 你 朋友 吗?　彼はあなたの友だちですか？

32

否定文

是（shì）の前に不（bù）をつけ、「我 不 是～」とすれば否定形の文章になります。不（bù）は後ろに第４声（ˋ）が続くときのみ発音が第２声（ˊ）に変わるので、不（bú）となる点に注意が必要です。（→p.24 声調変化）

我 不 是 日本人。　私は日本人ではありません。
我 不 是 公司职员。　私は会社員ではありません。
他 不 是 我 朋友。　彼は私の友だちではありません。

不是　A　B

単词

我 私　你 あなた　他 彼
是 ～です　不 ～しない、～でない
日本人 日本人　中国人 中国人　老师 教師　学生 学生
公司 会社　职员 職員　朋友 友だち
その他　吗 ～か

33

第２章 文型から学ぶ中国語

練習問題

数課ごとに練習問題がついています。音声の問題や練習などもありますので、学んだことをしっかり定着させてください。

第8～9課　練習問題

問1　次の質問に中国語で答えてみましょう。

(1) 今天几月几号?
(2) 今天星期几?
(3) 现在几点?
(4) 今天天气怎么样?

問2　音声を聴いて、読まれた時刻を中国語で書き、発音してみましょう。

(1)
(2)
(3)
(4)

問3　次の時刻を「差（chà）～刻（kè）/ 分（fēn）～点（diǎn）」の言い方で訳しましょう。

(1) 1:45
(2) 2:45
(3) 3:50
(4) 4:55

問4　以下の質問に中国語で答えてみましょう。

(1) 今天热吗?
(2) 今天几度?
(3) 昨天冷吗?
(4) 昨天几度?

56

解答

問1 [解答例] (1) 今天 11 月 11 号。（今日は 11 月 11 日です。）
(2) 今天星期二。（今日は火曜日です。）
(3) 现在差一刻 12 点。（今は 11 時 45 分です。）
(4) 今天很冷。（今日は寒いです。）

問2 (1) 两点 (2:00)　(2) 两点一刻 (2:15)
(3) 两点半 (2:30)　(4) 差 5 分 3 点 (2:55)

問3 (1) 差一刻两点　(2) 差一刻三点
(3) 差十分四点　(4) 差五分五点

問4 [解答例] (1)（今日は暑いですか？）今天很热。（今日は暑いです。）
(2)（今日は何度ですか？）今天 32 度。（今日は 32 度です。）
(3)（昨日は寒かったですか？）昨天不冷。（昨日は寒くありませんでした。）
(4)（昨日は何度でしたか？）昨天 30 度。（昨日は 30 度でした。）

四季の感覚について

季節の変化に敏感なのは中国人も日本人も同じですが、日本人のほうがより季節を楽しんでいるように見えます。これはいったいなぜなのか。中国の四季と比較したとたん、答えが少し見えてくるような気がします。

日本の四季は中国大陸ほど「激しくない」からでしょう。日本は季節の移り変わりが穏やかで、ワンシーズンが長いように感じます。それだけの時間があれば、楽しむ行事も開催できます。

これに対し、中国は季節の変わり目が突然やってきてあっという間に次の季節になります。寒暖の差も日本より大きいといえます（地域にもよりますが）。

北京のあたりは、厳しい夏の暑さが終わると、一番過ごしやすい秋は2週間ほどで過ぎてしまい、すぐに寒くて長い冬の到来となります。

2021 年は 11 月上旬に初雪が降りました。季節、特に冬は楽しむものというより、「越す＝生き抜く」対象かもしれません。

57

第2章　文国から学ぶ中国語

中国語の読み方について

本書では、中国語の文、ピンイン（中国式の漢字のふりがな）、およびカナルビ（中国語の発音をカタカナで表したもの）を、それぞれ以下の基準で表記しています。

中国語の文

本来は文字の間を空けずに表記しますが、はじめて中国語に触れる方が勉強しやすいよう、基本的に単語の区切りごとに空白を入れています。

（例）　**我是日本人 → 我 是 日本人**

ピンイン

本来は一単語分をつなげて表記しますが、中国語の文と同様の理由から、一文字分ずつ空白を入れています。軽声や声調変化については、日常会話で使われている自然な音に近い表記にしています。

（例）　Zhōng guó
　　　中国

カナルビ

中国語音節表記ガイドライン［教育用］（平凡社）に沿って表記しています。

音声のダウンロードについて

本書は、QR コードから音声を聞くことができます。以下の方法でご利用ください。

① パソコン・スマートフォン・タブレット等の端末から、下記のサイトにアクセスしてください。

② お好きなトラック番号を再生いただくか、リンクから音声ファイルを一括ダウンロードしてご利用ください。

https://www.shin-sei.co.jp/Chinese_basic/

※一部機種によっては再生できない場合があります。
※ご利用の端末がインターネットに接続されている必要があります。
※スマートフォン・タブレットでご利用いただく場合、Wi-Fi に接続した状態でのご利用を推奨いたします。
※なお、上記サービスの内容は予告なく変更・終了する場合がございます。あらかじめご了承ください。

もくじ

第３章　場面から学ぶ中国語

第４章　時制から学ぶ中国語

巻末

第1章

中国語のしくみ

第1課 中国語の基礎知識

この本で扱う中国語とは、現在中国大陸、台湾、シンガポールなどの中華圏で話されている標準語のことを指します。本格的な学習に入る前に、中国の言葉事情、標準語とは何か、音と文字の特徴について、いくつかの項目に分けて簡単に紹介します。

中国の言葉事情

中国は人口が14億人、国土が960万平方キロメートルにも及ぶ大国です。ひとつの国でありながら、日本の約25倍、ヨーロッパ全体の面積にほぼ匹敵します。

現在のヨーロッパでは英語、フランス語、ドイツ語、スペイン語などの言葉が話されており、国ごとに言葉が異なります。広大な国土をもつ中国でもヨーロッパと同じように、所が変われば言葉も変わってきます。

北京では北京語、上海は上海語、広東に行けば広東語といったように、じつは地域ごとの「国言葉」がかなり存在しています。そうした各地域の言葉、方言はお互いかなり違っています。

たとえば、北京語を話す人と上海語を話す人は通訳なしでは会話することができません。北京語と上海語とでは、漢字の読み方から、単語や文法まで全部異なります。方言というより、もはや外国語のようなものです。

中国人同士でも話が通じないというのは、困った事態ですね。

そこで登場するのが、**普通话**（pǔ tōng huà）と呼ばれている標準語です。

普通话（標準語）と北京话（北京語）

標準語、共通語は、方言が異なる人同士でもお互い通じ合うための共通の言葉です。日本語の標準語は首都である東京の言葉を基準としているのと同様、中国語の標準語も首都の北京の言葉を基準としています。

北京の言葉はすなわち、**北京话**（Běi jīng huà）「北京語」なので、**普通话**（pǔ

tōng huà）＝**北京话**（Běi jīng huà）と大まかに理解してもいいと思います。ただ、厳密にはもちろん違いがあります。

両者の違いは日本語でいえば、「下町の江戸弁」対「NHK のアナウンサーの言葉づかい」くらいの差でしょうか。

北京话・江戸弁は、軽快でコミカル、生活に根付いているのに対し、**普通话**・標準語はフォーマルで少し硬い、どちらかというとニュース向きの言葉です。

ただ､北京の人々が話している**普通话**（pǔ tōng huà）の多くは､**北京话**（Běi jīng huà）と標準語がミックスしたものです。北京に限らず、中国人が実際に日々話している**普通话**とは多かれ少なかれ、自分たちの方言の影響を受けた少し訛（なま）りの入ったものだと思います。

本書の音声は**普通话**を収録しています。

‖中国のおもな言語分布図‖

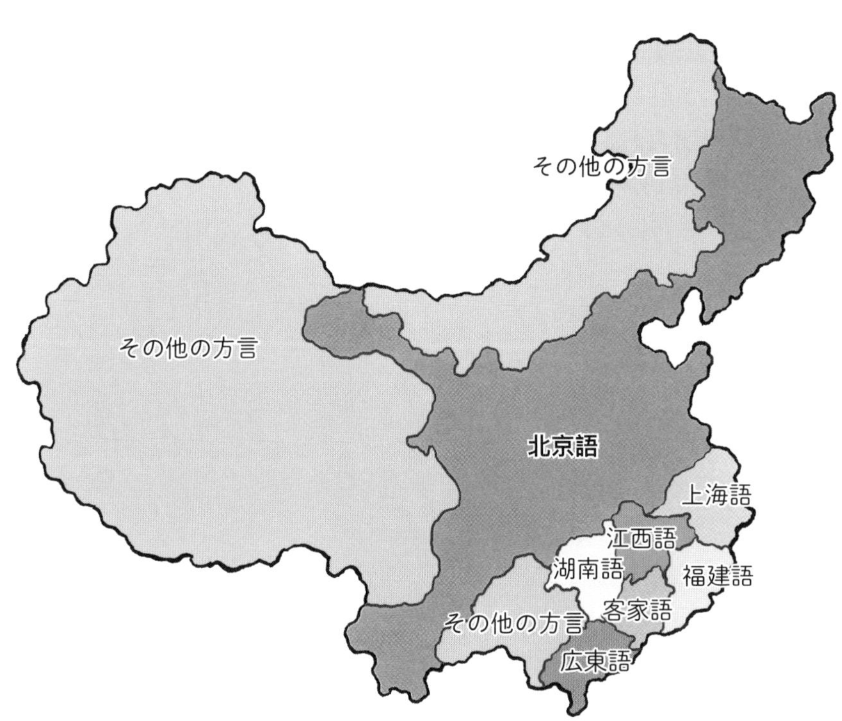

简体字（簡体字）

中国は漢字王国です。日本語にももちろん漢字があり、漢字の語彙以外に、ひらがなで和語を表したり、カタカナで外来語を表記できますが、中国語は漢字しかありません。すべて漢語になります。外来語でさえ、漢語に訳して取り入れます。

たとえば、「コロナウィルス」はだいたいどの国でもそのまま「コロナ」か「COVID-19」と言うと思いますが、中国語だけは「**新冠病毒** (xīn guān bìng dú)」と訳しています。**新**は「新型」、**冠**は corona の本来の意味（ウィルスが冠状になっている)、**病毒**は「ウィルス」です。

ここまで意訳にこだわるのは、カタカナのような外来語を音だけで簡単に取り入れる文字がないからではないかと思います。漢字に頼るしかない以上、少しでも漢字を書きやすくしようとして生まれたのが、**简体字** (jiǎn tǐ zì)「簡体字」です。

下の表で、日本の常用漢字と**简体字**を比較してみてください。中国語の简体字のほうが画数が少ないですよね。

简体字は 1958 年ごろに中国政府によって定められたもので、現在中国大陸に加え、シンガポールでも使用されています。

表内の❶は元の漢字の一部を取ったもの。❷は同じ字の草書体。❸は部首だけを簡単にしたもの。❹は、同じ音の字を簡単な字で代用したものです。現在の中国語では「後ろ」と「后」は両方とも「**后**」、「葉っぱ」と「叶う」は「**叶**」と書きます。

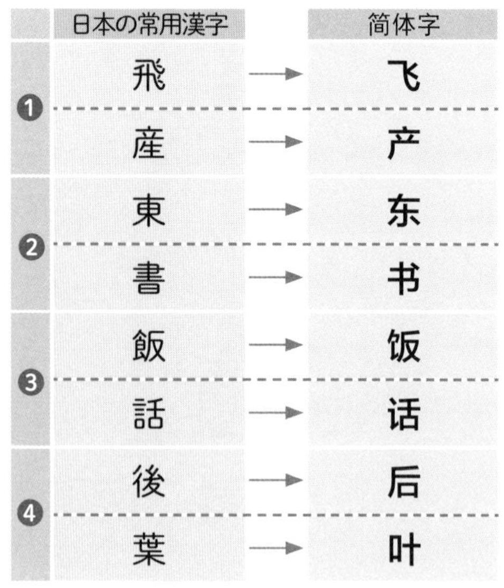
‖简体字の比較‖

	日本の常用漢字		简体字
❶	飛	→	飞
❶	産	→	产
❷	東	→	东
❷	書	→	书
❸	飯	→	饭
❸	話	→	话
❹	後	→	后
❹	葉	→	叶

第2課 声 調

中国語（北京語、標準語）の音には、声調と呼ばれる独特のトーン、イントネーションがついています。同じ音であっても、イントネーションが違えば意味が異なるので、なかなか面白い特徴です。

いくつか例をあげますので、音声を確認してみてください。

4つの声調

声調		発音のコツとイメージ	漢字
第1声	mā →	高い音を長く伸ばし、発音します。子どもが「はーい」と答えているような感じ	妈 お母さん
第2声	má ↗	上がり調子で発音します。驚いて、聞き返すときの「えっ？」	麻 痺れる
第3声	mǎ ⤻	あごを引いて低く抑えて発音します。落ち込んだときの「あ～あ」	马 馬
第4声	mà ↘	高いところから一気に下げます。カラスの鳴き声「カァカァ」	骂 叱る

上の4つは、声調を説明するときに使われる代表的な例なのですが、実際の中国語の単語は2文字のものが最も多く、声調によって意味も変わってきます。

声調の違いで意味が変わる単語の例

shuǐ jiǎo **水饺** 水餃子	shí jiān **时间** 時間	huá xuě **滑雪** スキー
shuì jiào **睡觉** 寝る	shì jiàn **事件** 事件	huà xué **化学** 化学

2文字の単語でも、声調（トーン）だけが異なる同じ音の語が2つ以上存在することがわかります。

このような現象はじつは日本語にもあります。たとえば「橋」と「箸」、「雨」と「飴」、「巨人」と「巨人（野球チーム）」などです。こうしたペアは日本語においては珍しいケースですが、中国語ではむしろ日常的ともいえ、常にこうした声調だけが異なるペアに出会います。中国語を母語とする人々は、意味の混同、誤解がないよう、日ごろから声調に気を配り、音の高さ、トーンなどに神経質です。中国語を話す人にとって、音よりもそのトーン（声調）のほうがより大事といえるのです。

声調が4パターンあるということは、1つの音（1文字）につき、トーン（声調）が4パターンありうるということです。また、2つの音（2文字）になると、4 × 4 = 16となり、次のように16パターンのトーンに慣れる必要があります。

では、この16パターンの声調を実際の単語で練習してみましょう。

音声を聴きながら、なんとなくでいいので発音してみてください。また、漢字からどんな意味なのかを想像してみてください。

‖声調の16パターン‖

		2文字目			
		第1声	第2声	第3声	第4声
1文字目	第1声	青椒 qīng jiāo	中国 Zhōng guó	机场 jī chǎng	春季 chūn jì
	第2声	时间 shí jiān	麻婆 má pó	贫血 pín xuě	游戏 yóu xì
	第3声	北京 Běi jīng	理由 lǐ yóu	水饺 shuǐ jiǎo	鼓励 gǔ lì
	第4声	假期 jià qī	现实 xiàn shí	日本 Rì běn	事件 shì jiàn

● 声調記号は次のルールに従い、母音の上につけます。

① aがあればaの上につける

② aがなければ、oかeの上につける

③ –ui (uei)、–iu (iou) の場合、後ろの文字につける

第3課 母音のピンイン

この課からは、中国語の発音のしくみをみていきましょう。

中国語の音の構造は「子音＋母音＋声調」からなっています。「中国」という単語で見てみましょう。

中	zh	+	ong	+	ˉ
	子音		母音		声調(第１声)
国	g	+	uo	+	ˊ
	子音		母音		声調(第２声)

「子音＋母音」(zh + ong、g + uo) は音の土台をつくり、この土台に声調というトーンが被さり、結果として zhōng、guó ができ上がります。

zhōng、guó のようなローマ字は、漢字の音を記す中国式ふりがなのようなもので、ピンイン（拼音 pīn yīn）と呼ばれます。拼（pīn）は「組み合わせる」、音 (yīn) は「音」で、全体で「音を組み合わせる → 音を綴（つづ）る」という意味になります。

中国語の発音は声調が最も大事ですが、同時に、このピンインという独特の発音記号を読めるようにしなければなりません。ピンインを読むときのコツは、母音のピンインと子音のピンインの読み方をそれぞれ覚えることです。母音のピンインは大きく分けて３種類、子音のピンインは全部で 21 個と、数に限りがあるので安心してください。

この２つのパーツが読めれば、あとは組み合わせるだけで、400 パターンある中国語の音を何となく読めるようになります。子音は音の性質上、母音をつけないと発音できませんので、母音 → 子音の順で勉強していきましょう。

なお、本来は１つの単語であれば、zhōngguó のように間を空けずに書きますが、本書ではピンインに慣れるために１文字ずつスペースを入れて表記しています。

次ページのQRから
動画もチェック！

中国語の母音

❶ 単母音

全部で7つあります。特にe、ü、erは日本語にはない音なので、練習が必要です。

a	口を大きく開いて明るく元気に、「ア」と発音します。
o	口を丸めて、「オ」と発音します。日本語の「オ」よりも丸めた唇に力を入れます。
e	唇を少し横に引き気味にして、喉の奥から「ウ」に似たあいまいな音を出します。
i (yi) *	口をしっかり横に引いて、「イ」を発音します。
u (wu) *	口を突き出し、唇を緊張させて、「オ」の音を出します。
ü (yu) *	口笛を吹くときのすぼめた口で「イ」のような音を出します。「¨」はウムラウトといいます。
er	舌をひょいとそり上げて、「ア」と発音します。rはそり舌（巻舌）です。

＊（　）内の表記は、子音が前に来ないときの書き方を表します。

❷ 複母音

2つ以上の母音を重ねたもの。口の開き方によって3タイプに分かれますが、どれも比較的真似しやすいです。

出だしは口を大きく開き、徐々にすぼめるタイプ				
ai	ei **	ao	ou	
口の開きが徐々に広がるタイプ				
ia (ya)	ie ** (ye)	ua (wa)	uo (wo)	üe (yue)
真ん中の音が一番口が開くタイプ				
iao(yao)	iou(you) –iu ***	uai (wai)	uei (wei) ** –ui ***	

＊＊　ei、ie、weiにおけるeは「エ」と発音します。単母音のeと音が異なります。
＊＊＊「–iu」「–ui」は前に子音が来た場合の表記です。

❸ 鼻母音

日本語の「一ン」で終わるような発音をしますが、中国語では –n で終わるタイプと –ng で終わるタイプの２種類があります。まずは、この２タイプの音を聞き分ける練習から始めましょう。

違いとしては、–n で終わる鼻母音は素早く発音され、発音後の口が閉じており、舌が歯茎の裏にぴったりとくっつきます。いっぽう、–ng で終わる鼻母音はゆったりした音で、舌の付け根を喉の奥にひきながら、口を閉じずに、声を鼻に抜きます。

–n で終わるタイプ				–ng で終わるタイプ				
an	ian (yan)	uan (wan)	üan (yuan)	ang	iang (yang)	uang (wang)		
en	in (yin)	uen (wen) –un＊	ün (yun)	eng	ing (ying)	ueng (weng)	ong	iong (yong)

＊ -un は前に子音が来た場合の表記です。

母音が出そろったところで、ピンインの表記に関するルールを整理しておきましょう。

ルール1 i- と u- から始まる子音なしのピンインは、y-、w- の形にする

i → yi　u → wu　ü → yu　ia → ya　ua → wa
üe → yue　in → yin　uen → wen　ün → yun

ルール2 子音があるとき、真ん中の o と e は省略される

iou, uei, uen は前に子音があるとき、真ん中の o と e を省略し、–iu, –ui, –un のように表記します。

ルール3 ウムラウトが消える場合がある

次の場合は、ü の ¨ （ウムラウト）が消え、単に u と書きます。

1) **子音がないとき：** ü → yu

2) **子音 j（ジ）、q（チ）、x（シ）の後：** jü → ju　qü → qu　xü → xu

第4課　子音のピンイン

第3課では、母音を取り上げ、それぞれについて解説しました。今回は、子音を取り上げます。その前に、母音と子音の違いについて少し補足します。

そもそも母音と子音とは何でしょうか。それぞれ確認しておきましょう。

母音：舌の位置、唇の丸め方の違いによって発音する音。空気の流れを遮（さえぎ）らない点、子音をともなわずに単独で発音できる点が特徴です。

子音：肺から上がってくる空気の流れを、舌、歯などによって、いったん遮り、そしてそれを破裂や摩擦といった方法で開放することで出す音。子音は単独では発音できず、b (o) や d (e) のように母音をつけて発音します。

中国語の子音は、空気を遮る場所である舌と歯の部位によって、6グループに分かれます。グループごとに見ていきましょう。

子音の6グループ

唇音　唇音（しんおん）は上唇と下唇で出す音で、4つあります。このうち、b (o) と p (o) は、空気（息）をどのくらい外に吐きかけるかに違いがあります。

b (o) ボォ	p (o) ポォ	m (o) モォ	f (o) フォ
b (o) は「無気音」で、息を外に漏らさずにすぐに「o」と言います。	p (o) は「有気音」で、息を強く吐き出してから「o」と言います。		

例　**瀑布** pù bù　滝　　**跑步** pǎo bù　ジョギング　　**麻烦** má fan　面倒

舌尖音 舌尖音（ぜっせんおん）とは、舌先を歯茎の裏にあてて出す音です。日本語の「ダタナラ」の発音と似ています。無気音の d (e) と有気音の t (e) の区別に気をつけましょう。

d (e) ドァ	t (e) トァ	n (e) ヌァ	l (e) ルァ
無気音です。息が外に漏れないよう我慢します。	有気音です。息を積極的に外に吐きかけます。		

例 **独特** dú tè　独特　　**地铁** dì tiě　地下鉄　　**努力** nǔ lì　努力

舌根音 舌根音（ぜっこんおん）は舌を喉の奥のほうに引いて発音します。g (e) と k (e) は日本語のカ行と似ていますが、h (e) は日本語にはない音で、喉をこするように発音します。

g (e) グァ	k (e) クァ	h (e) ホァ
無気音です。息を外に漏らさないようにします。	有気音です。息を吐きかけるように意識します。	寒いとき、手に息を吹きかけながら言う「ハァー、ハァー」の感覚で発音します。

例 **谷歌** gǔ gē　グーグル　　**顾客** gù kè　顧客　　**考核** kǎo hé　審査

舌面音 舌面音（ぜつめんおん）は口を横に引いて発音します。x (i) は「シー」と発音します。

j (i) ジー	q (i) チー	x (i) シー
無気音です。息を外に漏らさないようにします。	有気音です。息を吐きかけるように意識します。	

例 **机器** jī qì　機械　　**气息** qì xī　息　　**进行** jìn xíng　行う

舌歯音 舌歯音(ぜっしおん)は口角を横に引いて発音します。

z (i) ズ	c (i) ツ	s (i) ス
無気音です。息を外に漏らさないようにします。	有気音です。息を吐きかけるように意識します。	

例 **自私** zì sī 自己中心的 **词组** cí zǔ フレーズ **色彩** sè cǎi 色彩

そり舌音 最も発音が難しいといわれている、舌をそり上げて発音するタイプのものです。

まず、zh (i), ch (i), sh (i) の３つですが、舌を上あご（前のほうの硬い部分）に支え棒をするように軽くあてて、「ジ・チ・シ」と言ってみてください。舌をそり上げているので、発音された音が自然と丸い音になります（「ジ・チ・シ」ほど口が尖りません）。

次に、もう一度sh (i)の発音を最大限に長く伸ばしてみてください。きっと、途中で摩擦の音 (sh) がなくなり、巻き舌した濁った音だけが残るはずです。これが、r (i) の音です。r (i) の発音が難しいと感じられる方は、ぜひ先に sh (i) の発音から入ってみましょう。sh (i) から摩擦の音がとれたものが r (i) となります。

zh (i) ジ	ch (i) チ	sh (i) シ	r (i) ルァ
無気音です。息を抑えて発音します。	有気音です。息を出して発音します。	そり舌をしながら、息を摩擦させます。	sh (i) の摩擦の音 sh が消えたあとの音です。

例 **知识** zhī shi 知識 **支持** zhī chí 支持 **日食** rì shí 日食

同じ子音でも発音が異なるピンイン

次の❶～❸のように、同じ子音でも発音が異なるピンインがあります。音声で聴き比べてみてください。

❶ –i

ji	zi	zhi
qi	ci	chi
xi	si	shi
li		ri

＊ zh, ch, sh, r の後の –i からは「イ」の音がほとんど感じられません。

❷ –u

ju (j + ü)	⟷	zhu
qu (q + ü)	⟷	chu
xu (x + ü)	⟷	shu

＊ j, q, x の後の u はウムラウトの ü で、口をすぼめます。

❸ –un

jun (j + ün)	⟷	zhun (zh + uen)
qun (q + ün)	⟷	chun (ch + uen)
xun (x + ün)	⟷	shun (sh + uen)

＊ j, q, x の後の u はウムラウトの ü なので、un は本来 ün の発音となります。いっぽう、j, q, x 以外の子音の後の un（例：zhun）は、uen です。–uen は子音が前に来ると、e が省略されます。

第5課 声調変化

ここまで、ピンインの読み方やしくみなどについていろいろと学んできました。中国語の音の最大の特徴はやはり声調にあります。同じ音の単語でも、声調が異なれば意味が変わる例をもう一度確認しましょう。

shuǐ jiǎo	水饺	水餃子	shí jiān	时间	時間
shuì jiào	睡觉	寝る	shì jiàn	事件	事件

中国語の単語やフレーズは、２文字のものが圧倒的に多いです。１文字につき声調が４パターンあるので、２文字の声調パターンは、４×４＝16パターンとなります。この16パターンの中で、「第３声＋第３声」と「第４声＋第４声」は発音しにくいためか、言いやすいように声調が変わることがあります。

［第３声＋第３声］→［第２声＋第３声］に

第３声が続くときは、前の第３声が第２声になります。

例 **水饺** shuǐ jiǎo → shuí jiǎo　水餃子

手表 shǒu biǎo → shóu biǎo　腕時計

［第４声＋第４声］→［第２声＋第４声］に

＊不（bù）～、一（yì）～の場合のみ変化

❶［不（bù）＋第４声］→［不（bú）＋第４声］

「～しない」を表す否定詞 **不**（bù）は、後ろに第４声が来ると（bú）となります。

例 **不去** bù qù → bú qù　行かない

不是 bù shì → bú shì　～ではない

❷［一（yì）＋第４声］→［一（yí）＋第４声］

一（yì）は、後ろに第４声の語が来ると（yí）となります。

例 一件 yì jiàn → yí jiàn　1着

一万 yì wàn → yí wàn　1万

後ろに第４声以外の語が来る場合は（yì）のままですが、「1、2、3……」のように数えたり、序数詞として使われる場合は、（yī）となります。

例 一张 yì zhāng　1枚　（第４声のまま）

一台 yì tái　1台　（第４声のまま）

第一课 dì yī kè　第1課　（序数詞なので第１声）

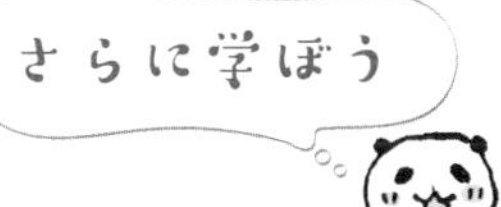

「第２声＋第４声」の組み合わせ

❶「不（bú）＋第４声」

bú dà bù xiǎo 不大不小	bú jìn bù yuǎn 不近不远
大きさがちょうどいい （大きくも小さくもない）	距離がちょうどいい （近くも遠くもない）
bù lěng bú rè 不冷不热	bú pàng bú shòu 不胖不瘦
熱さがちょうどいい （冷たくも熱くもない）	スタイルがちょうどいい （太っても痩せてもいない）

❷「一（yí）＋第４声」

yì xīn yí yì 一心一意	yì jǔ yí dòng 一举一动
一途に	一挙手一投足
yí chàng yí hè 一唱一和	yì mú yí yàng 一模一样
同調する	瓜二つ

第6課 「-儿(-r)」(アール化)と軽声

中国語の音のしくみをひと通り見てきました。この課では、話し言葉で起こる2つの発音の特徴を紹介します。

1つは、「**-儿**(-r)」(アール化)と呼ばれ、単語の語尾に「**-儿**(-r)」を加える現象です。もう1つは、同じ音を2つ重ねたときに、後ろの音を軽く発音する(声調をつけない)「**軽声**」という現象です。

まず、「**-儿**(-r)」の現象から見てみましょう。

❶「-儿(-r)」アール化

単語の語尾の字の発音の最後に、「**-儿**(-r)」をつけて発音することがあります。

例
花	huā	→	**花**儿	huār	花
小猫	xiǎo māo	→	**小猫**儿	xiǎo māor	子猫

-r(アール)は舌をそり上げて発音します。**-儿**(-r)を足した後の語はそり舌(巻き舌)の音となり、こもった丸い音に聞こえます。

儿という字は、児童の「児」の簡体字で、「小さい」「かわいい」ものを表すため、子猫や花のような可愛らしい単語にアール化が起きやすいと覚えておきましょう。このほか、「**-儿**(-r)」は、一部の動詞・形容詞を名詞形にするというはたらきもあります。

例
画	huà	描く	→	**画**儿	huàr	絵
空	kòng	空いている	→	**空**儿	kòngr	空き時間、暇

さらに、「**-儿**(-r)」の有無で、意味が変わる場合もあります。

例
火星	huǒ xīng	火星	→	**火星**儿	huǒ xīngr	火花
冰棍	bīng gùn	氷の棒	→	**冰棍**儿	bīng gùnr	アイスキャンディ

–i, –n, –ng で終わる語をアール化する場合、i, n, ng の音が消えます。

例 **小孩儿** xiǎo hái r → xiǎo **há r** 子ども
玩儿 wán r → **wá r** 遊ぶ
黄儿 huáng r → **huá r** 卵の黄身

❷軽　声

軽声とは、1 文字以上の単語において、後ろの語が声調を失い、軽く発音される現象を指します。2 文字の単語を例に見てみましょう。

例 **妈妈** mā ma お母さん　**爷爷** yé ye おじいちゃん（父方）
奶奶 nǎi nai おばあちゃん（父方）　**爸爸** bà ba お父さん

軽声といっても、単に「軽く」読むというだけのことではありません。じつは、前に来る単語の声調によってしっかりしたリズムがあり、前の声調の高さにより軽声自体の高さも変わります。音声を聴いて確認してください。

［第 1 声］ mā ma（少し低くなる）　［第 2 声］ yé ye（上がったまま）

［第 3 声］ nǎi nai（少し高くなる）　［第 4 声］ bà ba（下がったまま）

中国語は 1 文字の動詞を 2 つ重ねると、「～してみて」という意味になりますが、2 つ目の文字は軽声になります。

例 **尝尝** cháng chang 味わってみて　**唱唱** chàng chang 歌ってみて

次は名詞の例です。

例 **桌子** zhuō zi テーブル　**妈妈** mā ma お母さん

文の最後に来る「か」「～した」を表す語が軽声になることもあります。

例 **你 去 吗?** Nǐ qù ma あなたは行きますか？
我 吃 了。 Wǒ chī le 私は食べました。

＊**吗**（ma）はイエスかノーかを聞く疑問詞「か」を表し、文の最後に置かれ、必ず軽声になります。**了**（le）は完了を表す助詞で、文中での位置に関係なく、必ず軽声で読みます。

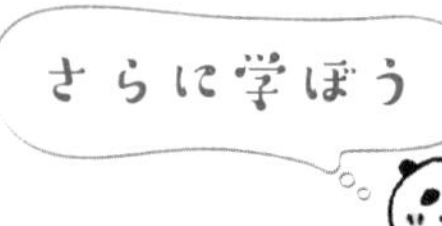

-r 化と軽声

❶ –r 化する前の発音と –r 化した後の発音を聴き比べてみましょう。

1）–r 化しても意味が変わらないもの

māo / māor 猫 / 猫儿	huā / huār 花 / 花儿	xiǎo hái / xiǎo háir (xiǎo hár) 小孩 / 小孩儿	wán / wánr (wár) 玩 / 玩儿
猫	花	子	遊ぶ

2）–r 化で意味が変わるもの

huà → huàr 画　画儿	kòng → kòngr (kòr) 空　空儿
描く → 絵	空いている → 空き時間
huáng → huángr (huàr) 黄　黄儿	huǒ xīng → huǒ xīngr (huǒ xīr) 火星　火星儿
黄色 → 黄身	火星 → 火花

❷ 軽声を含む語のリズムを聴き比べてみましょう。

1）親族の名称における軽声

mā ma 妈妈	yé ye 爷爷	nǎi nai 奶奶	bà ba 爸爸
お母さん	おじいさん	おばあさん	お父さん

2）軽声の有無で意味が変わるもの

dōng xī → dōng xi 东西　东西	qī zǐ → qī zi 妻子　妻子
東西 → もの	妻子 → 妻

3）文末の語が軽声

Nǐ qù ma 你去吗?	Wǒ chī le 我吃了。
あなたは行きますか？	私は食べました。

第1～6課　練習問題

問1　(1)～(6)で発音された音が第何声か、それぞれ下に書きましょう。

(1) ā　á　ǎ　à　　(2) ō　ó　ǒ　ò

(3) ē　é　ě　è　　(4) yī　yí　yǐ　yì

(5) wū　wú　wǔ　wù　　(6) yū　yú　yǔ　yù

(1)__________　(2)__________

(3)__________　(4)__________

(5)__________　(6)__________

練習　音声を聴いてリピートしてみましょう。

問2　(1)～(4)で発音された音がどれか、それぞれ下に書きましょう。

(1) māmā　māmá　māmǎ　māmà

(2) mámā　mámá　mámǎ　mámà

(3) mǎmā　mǎmá　mámǎ　mǎmà

(4) màmā　màmá　màmǎ　màmà

(1)__________　(2)__________

(3)__________　(4)__________

練習　音声を聴いてリピートしてみましょう。

解答

問1　(1) ǎ（第3声）　(2) ó（第2声）　(3) ē（第1声）
(4) yì（第4声）　(5) wǔ（第3声）　(6) yú（第2声）

問2　(1) māmá　(2) mámǎ　(3) mǎmā　(4) màmà

柱子

じつは難しい、あいさつ表現

みなさん、「あいさつ」と聞くと、簡単なイメージがありませんか？　日本では、ドイツ語やフランス語、中国語を習ったことがなくても、「グーテンターク」「ボンジュール」「ニーハオ」をご存知の方が多いかと思います。英語なら、アルファベットよりも先に、“Thank you.” “How are you?” “Good morning.” などを覚えたりもします。しかし、あいさつは意外とその使い方や使う場面に文化の違いが表れるものでもあります。特に日本と中国とでは、あいさつの習慣はまるで違います。

たとえば、日本では朝起きたら「おはよう」、寝る前に「おやすみ」と言う習慣がありますが、中国の家庭ではこうしたあいさつの習慣がありません。

中国語の**早上好** (zǎo shang hǎo)「おはようございます」と**晚安** (wǎn ān)「おやすみなさい」は生活の中で使う日常的な表現というより、テレビやラジオなどでアナウンサーが視聴者に対して言うフォーマルな「あいさつ」であることが多いです。

このほか、日本語の「先日はどうも」「お疲れ様でした」なども中国語ではあまり言いません。**谢谢** (xiè xie)「ありがとう」、**对不起** (duì bu qǐ)「ごめんなさい」は、「ありがとう」や「ごめんなさい」よりも少し意味が重く、きちんと感謝したい、謝罪したいときにだけ使います。

じつは、**你好**（ニー ハオ）(Nǐ hǎo) を「こんにちは」と言いたい場面で使うのも、あまりリアルな中国語ではありません。中国人同士があいさつするなら、**您 吃了吗?** (Nín chī le ma)「食事はされましたか？」など、より気持ちのこもった、具体的なフレーズを使うことが多いのです。

第2章

文型から学ぶ中国語

第1課 私は日本人です。

是（shì）は、「AはBである」という、A=Bの関係が成り立つことを表す動詞です。是のあとには名詞が続きます。国籍、職業、人間関係を表す言葉がBの部分に来ることが多いです。

Tā shì Zhōng guó rén
他 是 中国人。 彼は中国人です。
タァ シー チォングゥオ レン

Wǒ shì lǎo shī
我 是 老师。 私は先生です。
ウオ シー ラオ シー

Wǒ shì xué sheng
我 是 学生。 私は学生です。
ウオ シー シュエション

疑問文

相手にyesかnoかを聞く疑問文は、文末に吗（ma）を置きます。「あなたの友だち」は、你「あなた」と朋友「友だち」を並べるだけでOKです。

Nǐ shì gōng sī zhí yuán ma
你 是 公司职员 吗？ あなたは会社員ですか？
ニィ シー ゴン スー ヂー ユエン マァ

Tā shì nǐ péng you ma
他 是 你 朋友 吗？ 彼はあなたの友だちですか？
タァ シー ニィ ポン ヨウ マァ

否定文

是（shì）の前に不（bù）をつけ、「我 不 是 ～」とすれば否定形の文章になります。不（bù）は後ろに第4声（ˋ）が続くときのみ発音が第2声（ˊ）に変わるので、不（bú）となる点に注意が必要です。（→ p.24 声调变化）

Wǒ bú shì Rì běn rén
我 不 是 日本人。 私は日本人ではありません。
ウオ ブゥ シー リー ベン レン

Wǒ bú shì gōng sī zhí yuán
我 不 是 公司职员。 私は会社員ではありません。
ウオ ブゥ シー ゴォンスー ヂーユェン

Tā bú shì wǒ péng you
他 不 是 我 朋友。 彼は私の友だちではありません。
タァ ブゥ シー ウオ ポン ヨウ

主語	wǒ 我 私	nǐ 你 あなた	tā 他 彼	
是	shì 是 ～です	bù 不 ～しない、～でない		
名詞	Rì běn rén 日本人 日本人	Zhōng guó rén 中国人 中国人	lǎo shī 老师 教師	xué sheng 学生 学生
	gōng sī 公司 会社	zhí yuán 职员 職員	péng you 朋友 友だち	
その他	ma 吗 ～か			

第2課 私は田中と申します。

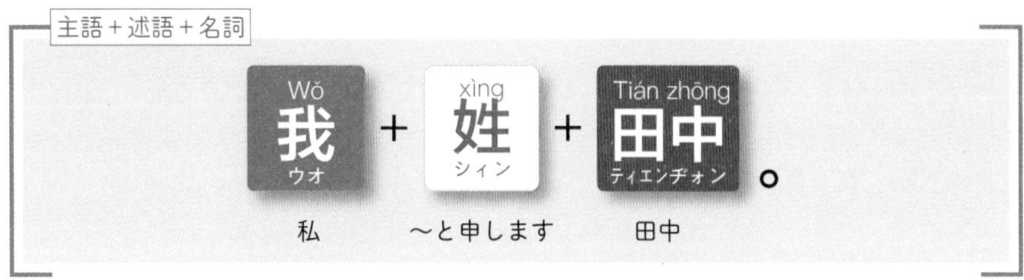

中国語には名前を言うための動詞が２つあります。

１つは、姓（xìng）で、「我 姓 ～」の形で苗字を言うときに使います。もう１つは、叫（jiào）で、「我 叫 ～」に続けてフルネームを言います。苗字を言うか、フルネームを言うかで 姓（xìng）と 叫（jiào）を使い分ける必要があります。「我 是 ～」（wǒ shì）「私は～です」（→ p.32）を使っても大丈夫です。

Wǒ xìng Tián zhōng
我 姓 田中。 私（の苗字）は田中と申します。
ウオ シィン ティエンヂォン

Wǒ jiào Tián zhōng Tài láng
我 叫 田中 太郎。 私（の名前）は田中太郎と申します。
ウオ ジァオ ティエンヂォン タイ ラァン

疑問文

「なに」を意味する疑問詞 什么（shén me）を使う疑問文では 吗（ma）は不要です。什么（shén me）の後に名詞を続けて［什么＋名詞］の形にすると、「どんな～」という意味になり、たとえば、什么名字（shén me míng zi）は「どんな名前」となります。

Nǐ xìng shén me
你 姓 什么? あなたの苗字は何と言いますか？
ニィ シィン シェン マ

Nǐ jiào shén me míng zi
你 叫 什么 名字? あなたの氏名は何と言いますか？
ニィ ジァオ シェン マ ミィンヅー

丁寧な名前の尋ね方

初対面や目上の人と話すときは、你（nǐ）よりも您（nín）を使いましょう。「こんにちは」に当たる「ニーハオ」你好（nǐ hǎo）はくだけた表現で、您好（nín hǎo）のほうが丁寧です。

您贵姓?（nín guì xìng）は、初対面の方の苗字を聞く丁寧な表現です。

Nín guì xìng
您 贵 姓?　苗字は何とおっしゃいますか？
ニン グゥイ シィン

Wǒ xìng Líng mù
－我 姓 铃木。　私は鈴木と申します。
ウオ シィン リィンムゥ

Wǒ zěn me chēng hu nín
我 怎么 称呼 您?　あなたをどのようにお呼びしますか？
ウオ ヅェン マ チョンホゥ ニン　（＝お名前をおうかがいしてもよいですか？）
私 どのように 呼ぶ あなた

Wǒ xìng Zuǒ téng wǒ jiào Zuǒ téng Dà
－我 姓 佐藤，我 叫 佐藤大。
ウオ シィン ヅゥオテゥン ウオ ジァオ ヅゥオテゥンダァ

私は佐藤です、佐藤大と申します。

单词

動詞	xìng 姓 （苗字は）～だ	jiào 叫 （姓名は）～だ	chēng hu 称呼 呼ぶ
名詞	míng zi 名字 名前	nín 您 あなた様	guì xìng 贵姓 苗字
疑問詞	shén me 什么 何	zěn me 怎么 どのように	

第3課 どちらのご出身ですか？

主語＋述語＋名詞
Nǐ 你 ニィ ＋ shì 是 シー ＋ shén me dì fang rén 什么地方人 シェンマ ディーファアンロェン ？
あなたは
～です
どんな場所の
人

相手の出身について、出身の国を聞きたいときは哪国人（nǎ guó rén）、地域を聞きたいときは哪里人（nǎ li rén）または什么地方人（shén me dì fang rén）を使います。

地方（dì fang）は場所や地域という意味なので、什么地方（shén me dì fang）で「どの地域」という表現です。

Nǐ shì nǎ li rén
你 是 哪里人？　どこのご出身ですか？
ニィ シー ナァ リィ ロェン

Wǒ shì Dà bǎn rén
－我 是 大阪人。　私は大阪出身です。
ウオ シー ダァ バン ロェン

Nǐ shì nǎ guó rén
你 是 哪国人？　どちらの国の方ですか？
ニィ シー ナァ グゥオロェン

Wǒ shì Měi guó rén
－我 是 美国人。　私はアメリカ人です。
ウオ シー メイ グゥオロェン

「誰」「どれ」などの尋ね方

谁（shéi）は「誰」、哪个（něi ge）は「どれ」、という意味です。

中国語では、「誰、何、どれ、どこ」などを尋ねる場合、聞きたい部分を疑問詞に置き換えます。

Shéi shì Běi jīng rén
谁 是 北京人？
シェイ シー ベイ ジィンロエン
誰が北京出身ですか？

Tā shì Běi jīng rén
－她 是 北京人。
タァ シー ベイ ジィンロエン
彼女は北京出身です。

Něi ge shì nǐ de bǐ
哪个 是 你 的 笔？
ネイ グァ シー ニィ ドァ ビィ
どれがあなたのペンですか？

Zhèi ge shì wǒ de bǐ
－这个 是 我 的 笔。
ヂェイ グァ シー ウオ ドァ ビィ
これが私のペンです。

yes か no かを尋ねる質問だけ、文末に吗（ma）をつけます。

Nǐ shì Shàng hǎi rén ma
你 是 上海人 吗？
ニィ シー シャアンハイ ロエン マァ
あなたは上海出身ですか？

Zhèi ge shì yóu tiáo ma
这个 是 油条 吗？
ヂェイ グァ シー ヨウティアオ マァ
これは油条（揚げパン）ですか？

单词

疑問詞	nǎ guó rén 哪国人 どの国の人	shén me dì fang 什么地方 どんな場所	nǎ li 哪里 どこ	něi ge 哪个 どれ
	zhèi ge 这个 これ	shéi 谁 誰		
名詞	tā 她 彼女	Měi guó rén 美国人 アメリカ人	bǐ 笔 ペン	yóu tiáo 油条 中国式の細い揚げパン（朝ご飯の定番）
その他	de 的 ～の			

第4課 あなたは日本人ですか？

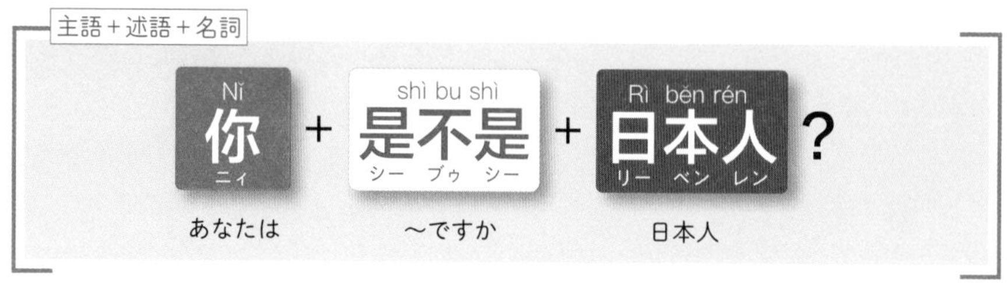

是不是（shì bu shì）は直訳すると「～なのか？、～ではないのか？」という意味で、［動詞＋不（bu）＋動詞］の形でつくります。反復疑問文の不（bu）は軽声になるので注意しましょう。吗（ma）を使った你是日本人吗？「日本人ですか？」に比べ、「ひょっとしたら日本人かも？」という予想がはたらく場合に使われ、事実を確認をするニュアンスがあります。このような「する？ しない？」という質問文は、中国語ではよく使われます。

Zhèi ge shì yóu tiáo ma
这个 是 油条 吗? これは油条（揚げパン）ですか？
ヂェイ グァ シー ヨウ ティアオ マァ
→「これが油条なんですか？」という純粋な質問

Zhèi ge shì bu shì yóu tiáo
这个 是不是 油条? これは油条（揚げパン）ですか？
ヂェイ グァ シー ブゥ シー ヨウ ティアオ
→「もしや、これが油条なのですね？」という確認

次の文は、「李さんだと思ったけど、間違いないよね？」というニュアンスを含んでいます。反復疑問文は、このように純粋に質問するというより、「確認」の意味があります。この［動詞＋不＋動詞］の形を使うと、話し方しだいでは話し手のいらだちすら表すことができます。

Nǐ xìng bú xìng Lǐ
你 姓 不 姓 李? 苗字は李ですか？
ニィ シィン ブゥ シィン リィ

吗はいつ使えばいいの？

中国語の勉強を始めたばかりですが、もうチンプンカンプンです……。

まぁ、焦らずに。「千里の道も一歩から」でしたね。

えらい一歩ですわ！　疑問文のつくり方でつまずきそうです。
結局、吗（ma）っているの？　いらないの？

いるときと、いらないとき、両方ありますね。

先生、わかりやすく整理してくれませんか？

御意。まずは中国語の疑問文を３つのタイプに分けましょう

❶ **吗の疑問文　：** 你 是 中国人 吗?

❷ **反復疑問文　：** 你 是 不 是 中国人?

❸ **疑問詞疑問文：** 谁 是 中国人?

❶のタイプだけ吗 (ma) をつけますが、❷と❸にはつけません。

どうしてそんなややこしいことになるのですか？

吗 (ma) が日本語の「か？」ではないからです。吗 (ma) 自体には、「そうなのか？　そうじゃないのか？」という yes か no かを尋ねる働きがあります。❷ではすでに是不是で yes、no が用意されているので、吗 (ma) はもう必要ありませんね。そして、❸は yes か no かを聞いているわけではないので、こちらも吗 (ma) の出番はないのです。

日本語の感覚だと全部「か？」をつけたい気分になってしまいます。
中国語と日本語の違いは難しいですね。

どんなタイプの疑問文なのか考えながら、使って慣れていってください。

第1～4課　練習問題

問1　次の中国語を日本語に訳しましょう。

（1）你是日本人吗？　＿＿＿＿＿＿＿＿

（2）你是哪国人？　＿＿＿＿＿＿＿＿

（3）你是北京人吗？　＿＿＿＿＿＿＿＿

（4）你是哪里人？　＿＿＿＿＿＿＿＿

問2　（1）～（5）の質問に中国語で答えましょう。

（1）你是哪国人？　＿＿＿＿＿＿＿＿

（2）你是什么地方人？　＿＿＿＿＿＿＿＿

（3）您贵姓？　＿＿＿＿＿＿＿＿

（4）你叫什么名字？　＿＿＿＿＿＿＿＿

（5）哪个是你的笔？　＿＿＿＿＿＿＿＿

問3　次の会話文を日本語に訳しましょう。

Nǐ xìng shén me
（1）李：你 姓 什么？　＿＿＿＿＿＿＿＿

Wǒ xìng Lín
（2）林：我 姓 林。　＿＿＿＿＿＿＿＿

Nǐ shì Xiǎo-Lín
（3）李：你 是 小林。　＿＿＿＿＿＿＿＿

Wǒ bú shì Xiǎo-Lín, wǒ shì Lín
（4）林：我 不是 小林，我 是 林。

＿＿＿＿＿＿＿＿

Lín
（5）李：林？　＿＿＿＿＿＿＿＿

解答

問1 (1) 日本人ですか？
(2) どこの国の方ですか？
(3) 北京出身ですか？
(4) どちらのご出身ですか？

問2 ［解答例］ (1) 我是日本人。 （私は日本人です。）
(2) 我是东京人。 （私は東京出身です。）
(3) 我姓田中。 （私の苗字は田中です。）
(4) 我叫田中太郎。 （私は田中太郎と言います。）
(5) 这个是我的笔。 （これが私のペンです。）

問3 (1) 苗字は何と言いますか？
(2) 林と言います。
(3) 小林さんですね。
(4) 私は小林ではありません。林です。
(5) 林さん？

＊この会話は何だかちぐはぐな感じがしますね。林さんが「林です」と自己紹介したのに、李さんはなぜ「小林ですね」と言ったのでしょうか。これは中国語の名前の呼び方と関係しています。下のコラムで紹介していますので、読んでみてください。

中国語には、「〜さん」はない？

「〝〜さん〟と言いたいとき、どう言いますか？」という質問をよく受けます。じつは、中国語には「〜さん」という概念がありません。相手と話すとき、親しい人であれば **你**（nǐ）、そうでない相手なら敬意を込めて、**您**（nín）で相手のことを呼びます。目上の人が目下の人を呼ぶときは、フルネームをよく使います。

また職場などでは、年上のベテランが年下の若い人に対し親しみを込めて、「小＋苗字」で呼びます。**問3**の文の林さんは、小林さんとして誤解された訳ではなく、小林、つまり「林ちゃん」と呼ばれているのです。

なお、敬称を使いたい相手に対して、男性なら苗字の後に **先生**（xiān shēng）、女性なら **女士**（nǚ shì）をつけると、日本語の「〜さん」に近い呼び方になります。

第5課 私は食べます。

「〜が…します」というときは、主語と動詞を並べるだけでOKです。

Tā qù
他 去。 彼は行きます。
タァ チュイ

下の2つの文は、同じ「マイ」でも、音が低めの**mǎi**（第3声）は「買う」、勢いがある**mài**（第4声）は「売る」という意味。声調のないカタカナだけではなかなか意味の区別が難しい例です。

Wǒ mǎi
我 买。 私は買います。
ウオ マイ

Tā mài
他 卖。 彼は売ります。
タァ マイ

否定文

「〜しません」という否定のときは、［主語＋不（bù）＋動詞］となります。

Wǒ bù chī
我 不 吃。 私は食べません。
ウオ ブゥ チー

Wǒ bù mǎi
我 不 买。 私は買いません。
ウオ ブゥ マイ

不（bù）は後ろに第4声（ˋ）が続くときのみ発音が第2声（ˊ）に変わるので、不（bú）となる点に注意が必要です。（→ p.24 声調変化）

Wǒ bú qù
我 不 去。
ウオ ブゥ チュイ
私は行きません。

Wǒ bú mài
我 不 卖。
ウオ ブゥ マイ
私は売りません。

Nǐ zài ma
你 在 吗？
ニィ ヅァイ マァ
いますか？

－ Wǒ bú zài
我 不 在。
ウオ ブゥ ヅァイ
いません。

疑問文

「～しますか？」と疑問文にする場合は、吗（ma）をつけるか、〔動詞＋不（bu）＋動詞〕の反復疑問文の形にします。

Nǐ qù ma
你 去 吗？
ニィ チュイ マァ
行きますか？

－ Wǒ bú qù
我 不 去。
ウオ ブゥ チュイ
行きません。

Nǐ mài ma
你 卖 吗？
ニィ マイ マァ
売りますか？

－ Wǒ bú mài
我 不 卖。
ウオ ブゥ マイ
売りません。

Nǐ qù bu qù
你 去 不 去？
ニィ チュイ ブゥ チュイ
行きますか？
（行くのですか？　行かないのですか？）

－ Wǒ qù
我 去。
ウオ チュイ
行きます。

Nǐ mài bu mài
你 卖 不 卖？
ニィ マイ ブゥ マイ
売りますか？
（売るのですか？　売らないのですか？）

－ Wǒ mài
我 卖。
ウオ マイ
売ります。

单词

動詞			
	qù 去 行く	chī 吃 食べる	mǎi 买 買う
	mài 卖 売る	zài 在 いる、ある	

第6課 私の家は大きいです。

形容詞の文も基本的には動詞の文と同様、［主語＋形容詞］のように並べるだけです。是（shì）「～は」につられて［主語＋是＋形容詞］にならないように注意してください。是（shì）は前後の名詞が表すものがイコールの関係のときに使えます。

Wǒ jiā　dà
我家 大。　私の家は大きいです。
ウオ ジア　ダァ

Hàn yǔ　nán
汉语 难。　中国語は難しいです。
ハン ユィ　ナン

この形の文では、形容詞の前に程度を表す語がくることが多いです。次の例文を見てみましょう。上の２つの文とどう違うのでしょうか？

Wǒ jiā　hěn　dà
我家 很 大。　私の家が大きいです。
ウオ ジア　ヘン　ダァ

Hàn yǔ　hěn　nán
汉语 很 难。　中国語が難しいです。
ハン ユィ　ヘン　ナン

ずばり、違いは「比較」しているかどうかです。

汉语难 (Hàn yǔ nán) は、「ほかの言語と比べた場合、中国語は難しい」というニュアンスで、暗にほかのものと比較しています。汉语很难のように程度を表す単語を入れると単純に「中国語が難しい」という意味です。很（hěn）は「とても」を意味する単語ですが、比較も強調もしない場合には、文章を成立させるための調整役として使われます。

Hàn yǔ fēi cháng nán
汉语 非常 难。 中国語が非常に難しいです。
ハン ユィ フェイチャアン ナン

Zhèi ge tài guì le
这个 太 贵 了。 これは（値段が）高すぎます。
ヂェイ グァ タイ グゥイ ルァ

太（tài）～了（le）は、間に形容詞を入れた、［太（tài）＋形容詞＋了（le）］の形で「～すぎる」ということを表します。

否定文

否定を表すときは、動詞の場合と同じように不（bù）をつけますが、後ろにくる単語の声調が第４声（ˋ）のときだけ、bú になるのはいつも変わらないルールなので気をつけましょう。否定文では很（hěn）をつけません。

Hàn yǔ **bù** nán
汉语 不 难。 中国語は難しくない。
ハン ユィ ブゥ ナン

完全に否定をするほどではないというときは、［不太（bú tài）＋形容詞］「あまり～でない」が便利です。

Hàn yǔ **bú** tài nán
汉语 不太 难。 中国語はあまり難しくありません。
ハン ユィ ブゥ タイ ナン

疑問文

これまで同様、吗（ma）をつけるか、反復疑問文にすれば OK です。

Hàn yǔ nán ma
汉语 难 吗？ 中国語は難しいですか？
ハン ユィ ナン マァ

Hàn yǔ nán bu nán
汉语 难 不 难？ 中国語は難しいですか？
ハン ユィ ナン ブゥ ナン

单词

名詞	Hàn yǔ 汉语 中国語			
形容詞	dà 大 大きい	nán 难 難しい	guì 贵 値段が高い	
その他	hěn 很 とても	fēi cháng 非常 非常に	tài le 太～了 ～すぎる	bú tài 不太 あまり～でない

第7課 中国語は発音が難しいです。

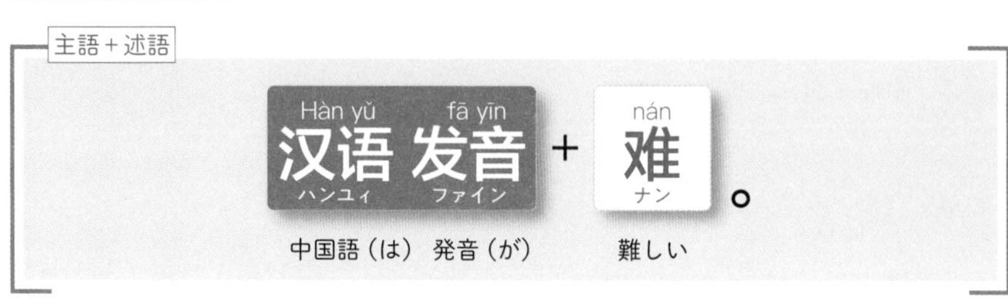

中国語は「は」や「が」などの助詞がないため、「中国語　発音　難しい」をそのまま中国語にして、「汉语发音难」となります。

この文では、「中国語」も「発音」も主語なので、主語が２つ並ぶ文（二重主語文）となります。

Wǒ Yīng yǔ hěn hǎo
我 英语 很 好。　私は英語が上手です。
ウオ イィンユィ ヘン ハオ

Wǒ gōng zuò hěn máng
我 工作 很 忙。　私は仕事が忙しいです。
ウオ ゴォンヅゥオ ヘン マァン

疑問文

疑問文をつくるときは、やはり文の最後に吗（ma）をつけます。

Hàn yǔ fā yīn nán ma
汉语 发音 难 吗?　中国語は発音が難しいですか？
ハン ユィ ファ イン ナン マァ

Nǐ Yīng yǔ hǎo ma
你 英语 好 吗?　あなたは英語が上手ですか?
ニィ イィンユィ ハオ マァ

「あなたの～はどうですか？」と尋ねたいときは、怎么样（zěn me yàng）を使います。

Nǐ gōng zuò zěn me yàng
你 工作 怎么样？　あなたの仕事はどうですか？
ニィ ゴォンヅゥオ ヅェン マ ヤン

Nǐ Hàn yǔ fā yīn zěn me yàng
你 汉语 发音 怎么样？　あなたの中国語の発音はどうですか？
ニィ ハンユィ ファイン ヅェン マ ヤン

Nǐ men dà xué shí táng zěn me yàng
你们 大学 食堂 怎么样？　あなたたちの大学の食堂はどうですか？
ニィメン ダァシュエ シータァン ヅェン マ ヤン

否定文

否定文をつくるときは、ここまで同様、不（bù）をつけます。声調変化にも引き続き注意しましょう。

Wǒ Hàn yǔ fā yīn **bú** tài hǎo
我 汉语 发音 不太 好。　私は中国語の発音があまりよくありません。
ウオ ハンユィ ファイン ブゥタイ ハォ

Wǒ Yīng yǔ bù hǎo
我 英语 不 好。　私は英語が上手ではありません。
ウオ イィンユィ ブゥ ハオ

Wǒ men dà xué shí táng bù hǎo chī
我们 大学食堂 不 好吃。　私たちの大学の食堂はおいしくありません。
ウオ メン ダァ シュエ シータァン ブゥ ハオ チー

名詞	fā yīn 发音　発音	Yīng yǔ 英语　英語	gōng zuò 工作　仕事 （仕事をする、働く）	shí táng 食堂　食堂
形容詞	máng 忙　忙しい	hǎo chī 好吃　おいしい		
その他	zěn me yàng 怎么样　どうですか？			

第5～7課　練習問題

問1 音声を聴き、（　　）内に入る動詞を簡体字で書きましょう。

(1) 我（　　）。(2) 我（　　）。(3) 我（　　）。(4) 我（　　）。

問2 音声を聴き、否定詞の声調をそれぞれ書きましょう。

（　） (1) 不 吃。	（　） (2) 不 去。	（　） (3) 不 买。	（　） (4) 不 卖。
（　） (5) 不 大。	（　） (6) 不 好。	（　） (7) 不 贵。	（　） (8) 不 忙。

問3 次の質問に中国語で答えてみましょう。

(1) 汉语难吗？　＿＿＿＿＿＿＿＿＿＿

(2) 英语难吗？　＿＿＿＿＿＿＿＿＿＿

(3) 你汉语好吗？　＿＿＿＿＿＿＿＿＿＿

(4) 你英语怎么样？　＿＿＿＿＿＿＿＿＿＿

(5) 你工作忙吗？　＿＿＿＿＿＿＿＿＿＿

練習 音声を聴いて、中国語で答えてみましょう。

問4 日本語の意味に合うよう、（　　）内に入る語を下の［　　］の中から１つ選んで、文を完成させましょう。

(1) 我家很（　　）。　私の家は大きい（広い）です。

(2) 汉语发音很（　　）。　中国語は発音が難しいです。

(3) 我不太（　　）。　私はあまり忙しくありません。

(4) 油条非常（　　）。　揚げパンはとてもおいしいです。

［忙 / 大 / 好吃 / 难］

問5 **問4** の答えに対して、それぞれ質問文をつくりましょう。

(1) ＿＿＿＿＿＿＿＿　(2) ＿＿＿＿＿＿＿＿

(3) ＿＿＿＿＿＿＿＿　(4) ＿＿＿＿＿＿＿＿

解答

問1 （1）吃　（2）去　（3）买　（4）卖

問2 （1）(bù)　（2）(bú)　（3）(bù)　（4）(bú)
（5）(bú)　（6）(bù)　（7）(bú)　（8）(bù)

問3 ［解答例］（1）汉语难。　（2）英语不太难。　（3）我汉语不太好。
（4）我英语非常好。　（5）我工作不太忙。

問4 （1）我家大。　（2）汉语发音很难。
（3）我不太忙。　（4）油条非常好吃。

問5 （1）你家大吗？　（お家は大きいですか？）
（2）汉语发音难吗？　（中国語の発音は難しいですか？）
（3）你忙吗？　（忙しいですか？）
（4）油条好吃吗？　（揚げパンはおいしいですか？）

中国に「朝ご飯」はない？

日本語では、朝食のことを「朝ご飯」といい、文字通り朝からご飯（ライス）を食べている人も多いでしょう。いっぽう、中国では朝からご飯を食べる人があまりいません。中国人には、「朝からご飯」はちょっと重く感じるのです。

ご飯（お米）の代わりに、**油条**（yóu tiáo）、**烧饼**（shāo bǐng）「中国式パイ」、**豆腐脑**（dòu fu nǎo）「豆腐入りあんかけスープ」、**粥**（zhōu）「お粥」、**小面**（xiǎo miàn）「麺類」、**馄饨**（hún tun）「ワンタン」といった軽食（中国的なファストフード）をお店に行って食べたり、またはテイクアウトして食べたりします。中国語の**早餐**（zǎo cān）は、こうした軽食を指すことが多いので、「朝ご飯」とはいえないのかもしれません。

ちなみに、中国式の朝食を専門とするお店は中国全土にあり、地域密着型の人気店も少なくありません。そうしたお店では、その土地ならではのご当地朝ご飯が味わえます。

ただ、朝食の専門店は午前10時ぐらいまでしか営業していないので、注意が必要です。中国に行かれる際、ぜひ少しだけ早起きして、朝食の専門店にも足を運んでみてください。

第8課 今日は４月１日です。

主語＋述語
Jīn tiān
今天
ジン ティエン
今日
＋
sì yuè yī hào
四月一号
スー ユェ イィ ハオ
4月1日
。

中国語で日付や曜日を言うときは、［今天（jīn tiān）＋日付］「〜日です」、［今天（jīn tiān）＋曜日］「〜曜日です」の形をつくります。

動詞や形容詞と同様、是（shì）を使わずに直接主語の後ろに日付や曜日を置くことができます。

Jīn tiān　yī yuè sān hào
今天 一月三号。　今日は1月3日です。
ジンティエン　イィ ユェ サン ハオ

疑問文

日付を尋ねるときは、現在・過去・未来という時制を気にする必要がなく、主語を変えるだけです。疑問文は、数を尋ねる疑問詞の几（jǐ）を使います。

Jīn tiān　jǐ yuè　jǐ hào
今天 几月 几号？　今日は何月何日ですか？
ジンティエン　ジィ ユエ　ジィ ハオ

Zuó tiān　jǐ yuè　jǐ hào
昨天 几月 几号？　昨日は何月何日でしたか？
ヅゥオティエン　ジィ ユエ　ジィ ハオ

Míng tiān　jǐ yuè　jǐ hào
明天 几月 几号？　明日は何月何日ですか？
ミィンティエン　ジィ ユエ　ジィ ハオ

曜 日

月曜日から土曜日は［星期（xīng qī）＋数字］で表すので、「何曜日」と聞くときは、数を尋ねる疑問詞 几（jǐ）を使います。日曜日だけは特別で、星期日（xīng qī rì）、または 星期天（xīng qī tiān）といいます。

Jīn tiān xīng qī jǐ
今天 星期几?
ジンティエン シィンチィ ジィ
今日は何曜日ですか？

Jīn tiān xīng qī yī
－今天 星期一。
ジンティエン シィンチィ イィ
今日は月曜日です。

Zuó tiān xīng qī jǐ
昨天 星期几?
ヅゥオティエン シィンチィ ジィ
昨日は何曜日でしたか？

時 刻

時刻は现在（xiàn zài）を使って次のように表現します。

Xiàn zài jǐ diǎn
现在 几点?
シエンヅァイ ジィディエン
今、何時ですか？

Xiàn zài liǎng diǎn
－现在 两点。
シエンヅァイ リアンディエン
今、2時です。

单词

jīn tiān 今天　今日	zuó tiān 昨天　昨日	míng tiān 明天　明日
jǐ yuè jǐ hào 几月几号　何月何日	xīng qī jǐ 星期几　何曜日	xīng qī yī 星期一　月曜日
xiàn zài 现在　今	jǐ diǎn 几点　何時	liǎng diǎn 两点　2時

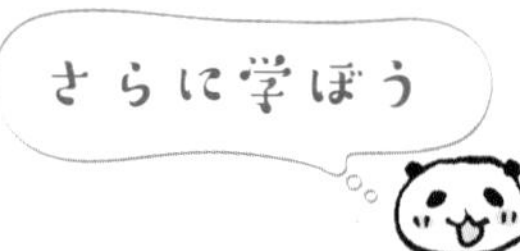

月日・曜日・時間の言い方

【年】～年（nián）

西暦の○○年は、○の数字を 1 文字ずつ読みます。（数字→ p.212）

1999 年	2000 年	2020 年	2022 年
yī jiǔ jiǔ jiǔ nián 1999 年 イィリウリウリウ ニエン	èr líng líng líng nián 2000 年 アルリィンリィンリィン ニエン	èr líng èr líng nián 2020 年 アルリィンアルリィン ニエン	èr líng èr èr nián 2022 年 アルリィンアルアル ニエン
今年	去年	来年	
jīn nián 今年 ジンニエン	qù nián 去年 チュィニエン	míng nián 明年 ミィンニエン	

【日にち】～月（yuè）～号（hào）

1 月 1 日	12 月 31 日	3 月 3 日
yī yuè yī hào 1 月 1 号 イィユエイィハオ	shí èr yuè sān shí yī hào 12 月 31 号 シーアルユエサンシーイィハオ	sān yuè sān hào 3 月 3 号 サンユエサンハオ

【曜日】星期（xīngqī）～

月曜日	火曜日	水曜日	木曜日
xīng qī yī 星期一 シィンチィイィ	xīng qī èr 星期二 シィンチィアル	xīng qī sān 星期三 シィンチィサン	xīng qī sì 星期四 シィンチィスー
金曜日	土曜日	日曜日	
xīng qī wǔ 星期五 シィンチィウゥ	xīng qī liù 星期六 シィンチィリウ	xīng qī rì　xīng qī tiān 星期日 / 星期天 シィンチィリー　シィンチィティエン	

【時刻】～点（diǎn）～分（fēn）「～時～分」

十五分（shí wǔ fēn）「15 分」は、一刻（yíkè）と言うこともできます。

「～時～分前」は差（chà）～分（fēn）～点（diǎn）と言います。差（chà）は「あと～、～足りない」という意味で、差～分～点は直訳すると、「あと～分で～時」を表します。日本語の語順と逆になるのです。

1:00	yì diǎn 一点 イィディエン	2:00	liǎng diǎn 两点 * リアンディエン	2:15	liǎng diǎn yí kè 两点一刻 リアンディエンイィクァ
2:30	liǎng diǎn bàn 两点半 リアンディエンバン	2:45	chà yí kè sān diǎn 差一刻三点　（3 時の 15 分前） チャアイィクァサンディエン		

＊2 時は、二（èr）「2」ではなく两（liǎng）「2 つ」を使います。

的（de）「～の」の使い分け

【的を使う場合①】→「（人）の（物）」というとき

私の車	彼の本	あなたのお金
wǒ de chē 我 的 车 ウオ ドァ チョァ	tā de shū 他 的 书 タァ ドァ シュウ	nǐ de qián 你 的 钱 ニィ ドァ チエン

【的を使う場合②】→〔形容詞と名詞〕や〔動詞と名詞〕を並べるとき

小さいペン	使うペン／使ったペン
xiǎo de bǐ 小 的 笔 シアオ ドァ ビィ	yòng de bǐ 用 的 笔 ヨン ドァ ビィ

【的を使わない場合①】→親戚関係や所属を表すとき

私の母	私の配偶者	私たちの先生
wǒ mā ma 我 妈妈 ウオ マァマァ	wǒ ài rén 我 爱人 ウオ アイロェン	wǒ men lǎo shī 我们 老师 ウオメン ラオシー
私の家	我が国	私たちの会社
wǒ jiā 我 家 ウオ ジア	wǒ guó 我 国 ウオ グゥオ	wǒ men gōng sī 我们 公司 ウオメン ゴォンシー

【的を使わない場合②】→方角、位置関係を表すとき

私の前	彼の後ろ	あなたの左
wǒ qián biān 我 前边 ウオ チエンビエン	tā hòu biān 他 后边 タァ ホウビエン	nǐ zuǒ biān 你 左边 ニィ ヅゥオビエン

【的を使わない場合③】→前の名詞が後ろの名詞の属性を限定しているとき

中国語の教科書	アメリカ人の先生	日本の歴史
Hàn yǔ kè běn 汉语 课本 ハンユィ クァベン	Měi guó lǎo shī 美国 老师 メイグゥオ ラオシー	Rì běn lì shǐ 日本 历史 リーベン リィシー

第9課 今日は寒いです。

次は、天候を伝える表現を見てみましょう。月日や時間の表現と同じく〔主語＋形容詞〕の形で言うことができます。

Tiān qì zěn me yàng
天气 怎么样？ 　天気はどうですか？
ティエンチィ ヅェン マ ヤン

Jīn tiān lěng ma
今天 冷 吗？ 　今日は寒いですか？
ジンティエン レゥン マァ

Jīn tiān hěn lěng
－今天 很冷。 　今日は寒いです。
ジンティエン ヘンレゥン

「今日は天気がいい」は、今天天气好。(Jīn tiān tiān qì hǎo) のように主語を２つ並べて言います。

Jīn tiān tiān qì hěn hǎo
今天 天气 很好。 　今日は天気がいいです。
ジンティエン ティエンチィ ヘン ハオ

Míng tiān tiān qì zěn me yàng
明天 天气 怎么样？ 　明日の天気はどうですか？
ミィンティエン ティエンチィ ヅェン マ ヤン

これらは、我工作很忙 (Wǒ gōng zuò hěn máng) などと同じ構造で、主語が２つ並ぶため二重主語文といいます。（→ p.46）

Běi jīng xià tiān rè ma
北京 夏天 热 吗? 北京は夏は暑いですか？
ベイ ジィン シアティエン ロァ マァ

Běi jīng xià tiān hěn rè
－北京 夏天 很热。 北京は夏は暑いです。
ベイ ジィン シアティエン ヘン ロァ

Dōng jīng jiǔ yuè liáng kuai ma
东京 9月 凉快 吗? 東京は9月は涼しいですか？
ドォンジィン ジウ ユエ リアンクワイ マ

Dōng jīng jiǔ yuè bù liáng kuai
－东京 9月 不凉快。 東京は9月は涼しくありません。
ドォンジィン ジウ ユエ ブゥ リアンクワイ

天気について尋ねるときも時制を気にする必要はありません。

Zuó tiān jǐ dù
昨天 几度? 昨日は何度でしたか？
ヅゥオティエン ジィ ドゥ

Zuó tiān shí liù dù
－昨天 16度。 昨日は16度でした。
ヅゥオティエン シーリウ ドゥ

日本語では「～は」となる文章でも、中国語では是（shì）を使わない文章の形を解説してきました。慣れるまで違和感があるかもしれませんが､「～は」でつなごうとしている2つのものが同じものかどうか、ということを気にしてみてください。

名詞	tiān qì 天气 天気	xià tiān 夏天 夏	
形容詞	lěng 冷 寒い	rè 热 暑い	liáng kuai 凉快 涼しい
その他	jǐ dù 几度 何度		

第2章 文型から学ぶ中国語

第8～9課　練習問題

問1　次の質問に中国語で答えてみましょう。

(1) 今天几月几号？　＿＿＿＿＿＿＿＿

(2) 今天星期几？　＿＿＿＿＿＿＿＿

(3) 现在几点？　＿＿＿＿＿＿＿＿

(4) 今天天气怎么样？　＿＿＿＿＿＿＿＿

問2　音声を聴いて、読まれた時刻を中国語で書き、発音してみましょう。

(1) ＿＿＿＿＿＿＿＿

(2) ＿＿＿＿＿＿＿＿

(3) ＿＿＿＿＿＿＿＿

(4) ＿＿＿＿＿＿＿＿

問3　次の時刻を「差（chà）～刻（kè）/ 分（fēn）～点（diǎn）」の言い方で訳しましょう。

(1) 1:45　＿＿＿＿＿＿＿＿

(2) 2:45　＿＿＿＿＿＿＿＿

(3) 3:50　＿＿＿＿＿＿＿＿

(4) 4:55　＿＿＿＿＿＿＿＿

問4　以下の質問に中国語で答えてみましょう。

(1) 今天热吗？　＿＿＿＿＿＿＿＿

(2) 今天几度？　＿＿＿＿＿＿＿＿

(3) 昨天冷吗？　＿＿＿＿＿＿＿＿

(4) 昨天几度？　＿＿＿＿＿＿＿＿

解答

問 1 ［解答例］（1）今天 11 月 11 号。　（今日は 11 月 11 日です。）
（2）今天星期二。　（今日は火曜日です。）
（3）现在差一刻 12 点。　（今は 11 時 45 分です。）
（4）今天很冷。　（今日は寒いです。）

問 2 （1）两点（2:00）　（2）两点一刻（2:15）
（3）两点半（2:30）　（4）差 5 分 3 点（2:55）

問 3 （1）差一刻两点　（2）差一刻三点
（3）差十分四点　（4）差五分五点

問 4 ［解答例］（1）（今日は暑いですか？）今天很热。　（今日は暑いです。）
（2）（今日は何度ですか？）今天 32 度。（今日は 32 度です。）
（3）（昨日は寒かったですか？）昨天不冷。　（昨日は寒くありませんでした。）
（4）（昨日は何度でしたか？）昨天 30 度。（昨日は 30 度でした。）

四季の感覚について

季節の変化に敏感なのは中国人も日本人も同じですが、日本人のほうがより季節を楽しんでいるように見えます。これはいったいなぜなのか。中国の四季と比較したとたん、答えが少し見えてくるような気がします。

日本の四季は中国大陸ほど「激しくない」からでしょう。日本は季節の移り変わりが緩やかで、ワンシーズンが長いように感じます。それだけの時間があれば、楽しむ行事も開催できます。

これに対し、中国は季節の変わり目が突然やってきてあっという間に次の季節になります。寒暖の差も日本より大きいといえます（地域にもよりますが）。

北京のあたりは、厳しい夏の暑さが終わると、一番過ごしやすい秋は 2 週間ほどで過ぎてしまい、すぐに寒くて長い冬の到来となります。

2021 年は 11 月上旬に初雪が降りました。季節、特に冬は楽しむものというより、「越す＝生き抜く」対象かもしれません。

第10課 私は30歳です。

年齢を尋ねる場合は、相手に応じて3つの表現を使い分けます。10歳前後までの子どもには几岁（jǐ suì）を使います。これは、几月、几点のように、予想される答えが1ケタ（10以内）のときには、几（jǐ）を用いるためです。

Nǐ jǐ suì
你 几岁？
ニィ ジィスゥイ
あなたは何歳ですか？

Wǒ liù suì
－ 我 6 岁。
ウオ リウ スゥイ
私は6歳です。

大人や、同世代の相手には 多大（duō dà）「いくつ」を使います。

Nǐ duō dà
你 多大？
ニィ ドゥオ ダァ
何歳ですか？

Wǒ sì shi wǔ suì
－ 我 45 岁。
ウオ スーシーウゥ スゥイ
私は45歳です。

自分より高齢の方には、多大岁数（duō dà suì shu）「おいくつ」を使います。

Nín duō dà suì shu
您 多大岁数？
ニン ドゥオ ダァ スゥイシュウ
おいくつですか？

Wǒ qī shi sān suì
－ 我 73 岁。
ウオ チィシーサン スゥイ
私は73歳です。

「どのくらい～？」

多（duō）はもともと「多い」という意味ですが、［多＋形容詞］で後ろに形容詞を置くと「どのくらい～」という意味を表します。

Nǐ duō gāo
你 多 高？
ニィ ドゥオ ガオ
あなたの身長はどのくらいですか？
（あなたはどのくらい高いですか？）

Wǒ yì mǐ wǔ sì
－ 我 1米54。
ウオ イィ ミィ ウゥスー
私は154cm です。

身長を言うときは、センチメートルではなくメートルで考えます。小数点以下は数字を1文字ずつ読むので、1.54→1点54（yī diǎn wǔ sì）で、154センチは1.54メートルで1米54（yì mǐ wǔ sì）となります。メートルは米（mǐ）です。身長が170cmなら、1米7（yì mǐ qī）と読みます。

Nǐ duō zhòng
你 多 重?
ニィ ドゥオ ヂォン
あなたの体重はどのくらいですか？
（あなたはどのくらい重いですか）？

Wǒ wǔ shí gōng jīn
－我 50公斤。
ウオ ウゥシー ゴォン ジン
私は50kgです。

Wǒ yì bǎi jīn
－我 100斤。
ウオ イィバイ ジン
私は50kgです。

你多重で「体重はどのくらいですか？」という意味になります。重さを表すキロ（kg）は公斤（gōng jīn）ですが、中国人はその半分の斤（jīn）「0.5kg」という言い方を好みます。100斤と50公斤はどちらも50kgなので、単位に注意してください。

Nǐ de xíng li duō zhòng
你 的 行李 多重? －
ニィ ドァ シィンリィ ドゥオヂォン
あなたの荷物の重さはどのくらいですか？

Èr shí gōng jīn
20 公斤。
アルシー ゴォン ジン
20kgです。

多重（duō zhòng）は、人に尋ねる場合は体重、物について尋ねる場合は重さを表します。

ここまでの、年齢、身長、体重を伝える表現はすべて、［主語＋数］という形をとっている点を確認しておいてください。是は必要ありません。

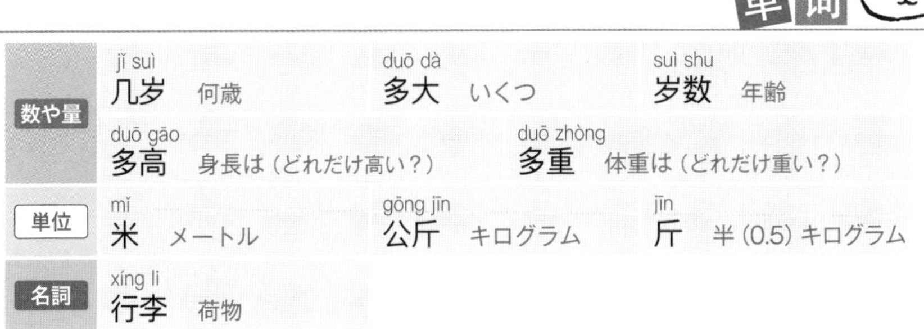

单词

数や量	jǐ suì 几岁　何歳	duō dà 多大　いくつ	suì shu 岁数　年齢
	duō gāo 多高　身長は（どれだけ高い？）	duō zhòng 多重　体重は（どれだけ重い？）	
単位	mǐ 米　メートル	gōng jīn 公斤　キログラム	jīn 斤　半（0.5）キログラム
名詞	xíng li 行李　荷物		

第11課 これは100元です。

多少钱（duō shao qián）「いくら」は、値段を尋ねるときの表現です。多少（duō shao）は、10以上の数を尋ねるときに使います。钱（qián）は「お金」で、多少钱（duō shao qián）で「いくら」となります。ちなみに10元もしない場合には、几块（jǐ kuài）「何元」を使うことができます。

中国の通貨は人民元ですが、口語では元（yuán）よりも块（kuài）を使います。

Zhèi ge duō shao qián
这个 多少钱？　これはいくらですか？
ヂェイグァ ドゥオシャオチエン

Nèi ge jǐ kuài
那个 几块？
ネイグァ ジィクワイ
あれは何元ですか？

Nèi ge liǎng kuài
－那个 两块。
ネイグァ リアンクワイ
あれは2元です。

「いくら」を表す表現として、もう1つ、怎么卖（zěn me mài）？「どのように売りますか？」という言い方があります。これは、市場などで野菜や果物を量り売りしている場合に役立つ表現です。

Zhèi ge zěn me mài
这个 怎么卖？　これはどのように売っていますか？
ヂェイグァ ヅェン マ マイ

Zhèi ge shí kuài yì jīn
－这个 10块 一斤。　これは10元で1斤（0.5kg）です。
ヂェイグァ シー クワイ イィ ジン

中国の野菜や果物は量り売りが基本です。市場や超市（chāo shì）「スーパー」では野菜や果物などが山のように積まれているのをよく目にします。

量り売りの場合あらかじめ、「10 块 /1 斤」と書いてあったりしますが、ない場合は怎么卖（zěn me mài）？「どのように売っていますか？」と尋ねてみましょう。このほか、「この本はいくらですか？」「リンゴは 1 個いくらですか？」などと尋ねるときは、「この〜」「1 個、1 つ」などの助数詞とセットで覚えてほしいので、巻末でも解説しています。（→ p.214）

長さや距離の表し方

多长（duō cháng）「長さ」と多远（duō yuǎn）「距離」を使って表します。

Huáng hé duō cháng
黄河 多长?
ホァンホァ ドゥオチャアン
黄河はどのくらい長いですか？

Wǔ qiān sì bǎi liù shi sì gōng lǐ
– 五千四百六十四 公里。
ウゥチエンスーバイリウシースー ゴォンリィ
5464 キロです。

公里（gōng lǐ）は km（キロメートル）です。中国の母なる川といわれる黄河は、全長が 5464 公里です。東京ー北京間は 2500 公里なので、1 往復してもまだ余るほどの長さです。

Nǐ jiā lí chē zhàn duō yuǎn
你家 离 车站 多远?
ニィジア リィ チョァヂァン ドゥオユェン
お家から駅までどのくらいの距離ですか？

多远（duō yuǎn）は、距離を尋ねる表現なので、「A から B まで、どのくらい遠いですか？」というように、2 つの地点を示す必要があります。

そこで出てくるのが、离（lí）（日本の常用漢字では「離」にあたる）です。「A から B まで」を表現するのに、日本語は「から」と「まで」の両方が必要であるのに対し、中国語は［A 离 B］だけですみます。离（lí）は 2 点間の距離を指しており、「から」と「まで」の両方を含んでいるのです。

duō shao qián 多少钱 いくら	kuài 块 元	nèi ge 那个 それ、あれ	zěn me mài 怎么卖 いくら（どのように売っているか）
duō cháng 多长 どのぐらい（長さ）	duō yuǎn 多远 どのぐらい（距離）	lí 离 〜から…まで	

第 10 ～ 11 課　練習問題

問 1　音声を聴いて次の金額を発音し、ピンインを書いてみましょう。

(1) 1 块 ________________　(2) 11 块 ________________

(3) 2 块 ________________　(4) 12 块 ________________

問 2　音声を聴いて次の数を発音し、ピンインを書いてみましょう。

(1) 50m ／五十米 ________________

(2) 100km ／一百公里 ________________

(3) 150kg ／一百五十公斤 ________________

(4) 200cm ／两米 ________________

問 3　次の質問に中国語で答えてみましょう。

(1) 你多大？ ________________。

(2) 你多高？ ________________。

(3) 你家离车站远吗？ ________________。

(4) 你的电脑多少钱？ ________________。

問 4　**A** の質問に対する最も適切な答えを、**B** から見つけて線で結びましょう。

A		B
(1) 这个怎么卖？	●	● a：17 公斤。
(2) 你的桌子多长？	●	● b：57 岁。
(3) 你妈妈多大岁数？	●	● c：12 块 1 斤。
(4) 你的行李多重？	●	● d：1 米。

解答

問1 （1）yí kuài　（2）shí yī kuài
（3）liǎng kuài　（4）shí èr kuài

問2 （1）wǔ shí mǐ　（2）yì bǎi gōng lǐ
（3）yì bǎi wǔ shí gōng jīn　（4）liǎng mǐ

問3 ［解答例］（1）（いくつですか？）　我45岁。（45歳です。）
（2）（身長はどのくらいですか？）　我1米54。（154cmです。）
（3）（家から駅まで遠いですか？）　不太远。（それほど遠くありません。）
（4）（あなたのパソコンはいくらですか？）　6000块钱。（6000元/块です。）

問4

A	B
（1）（これはいくらですか？）	－ c：12块1斤（12元で1斤です。）
（2）（あなたの机はどのくらい長いですか？）	－ d：1米（1メートルです。）
（3）（お母様はおいくつですか？）	－ b：57岁（57歳です。）
（4）（あなたの荷物はどのくらい重いですか？）	－ a：17公斤（17キロです。）

中国は電子マネー大国

この課で勉強したお金の言い方は、中国に行けば必ず触れることになるとても大事な表現ですが、近年、中国も電子マネー化にともない、意外にも、お金の表現には触れても、実際のお金に触れることが少なくなりました。

日本でもコロナ禍が始まってから、キャッシュレス化が以前よりも進んでいますが、中国はその前からキャッシュレス社会だったような印象があります。キャッシュレスといっても、日本で浸透しているクレジットカード払いではなく、アリペイ（**支付宝**）やウィーチャット（**微信支付**）などの電子マネーが主流です。お買い物、外での食事は電子マネーが一般的で、現金を使う人はほとんどいません。家賃、光熱費、電話代などの支払いも電子マネーですみます。そのほか、小遣い、お年玉や結婚する友人へのご祝儀も電子マネーで送ります。

皆さんも、最近は日本国内のお店で、中国人のお客さんのために用意されている「**支付宝**」「**微信支付**」のマークを目にすることが多いのではないでしょうか。

第12課 私は中国語を学びます。

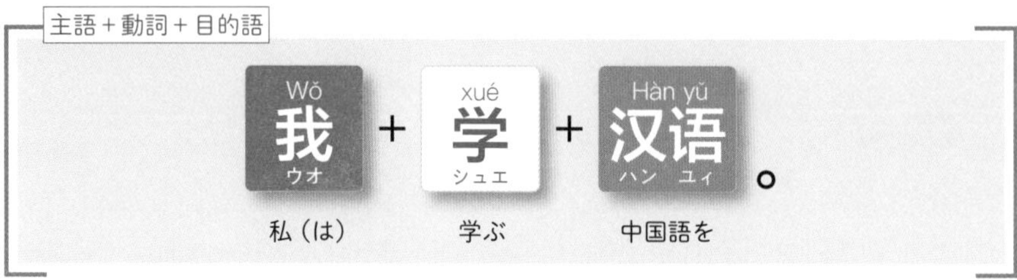

［主語＋動詞＋目的語］の形は、中国語の基本的な語順です。

Wǒ qù Zhōng guó
我 去 中国。 私は中国に行きます。
ウオ チュィ ジゥンクゥオ

否定文

「〜しない」という否定を表すときは、動詞の前に不（bù）を置きます。

Wǒ bù xué Hàn yǔ
我 不 学 汉语。 私は中国語を学びません。
ウオ ブゥ シュエ ハン ユィ

Wǒ **bú** qù Zhōng guó
我 不 去 中国。 私は中国に行きません。
ウオ ブゥ チュィ ジゥンクゥオ

疑問文

「何を食べますか？」「どこに行きますか？」などと質問したいときは、聞きたい部分に疑問詞を置きます。

Nǐ xué shén me
你 学 什么？ あなたは何を学びますか？
ニィ シュエ シェン マ

Nǐ qù nǎr
你 去 哪儿？ あなたはどこに行きますか？
ニィ チュィ ナァ アル

VO 動詞

よく使われる VO 構造の動詞は次ページをチェック！

Wǒ sàn bù
我 散步。 私は散歩します。
ウオ サン ブゥ

上の例文は［主語＋動詞＋目的語］の文ですが、目的語はどれでしょうか？じつは、散步は一語でありながら、「散（動詞・V）＋步（目的語・O）」という構造をしており、中国語にはこのような動詞（VO 動詞）が多数あります。

たとえば、结婚（jié hūn）「結婚する」、回国（huí guó）「帰国する」、起床（qǐ chuáng）「起きる」など。次の打工（dǎ gōng）は「アルバイトをする」という意味です。

Wǒ dǎ gōng
我 打工。 私はアルバイトします。
ウオ ダァ ゴォン

打工は、もとは［打＋工］という［動詞＋目的語］の構造（VO 構造）をしています。このようなタイプの語は間に「どんな」に当たる語を入れ込むことができます。たとえば、什么工は「どんな仕事」という意味になります。

Nǐ dǎ shén me gōng
你 打 什么工？ あなたはどんなアルバイトをしていますか？
ニィ ダァ シェン マ ゴォン

游泳は「泳ぐ」に当たる動詞ですが、［游＋泳］「泳ぎを泳ぐ」という VO 構造をもっています。

Wǒ yóu yǒng
我 游泳。 私は泳ぎます。
ウオ ヨウ ヨン

Nǐ yóu shén me yǒng
你 游 什么泳？
ニィ ヨウ シェン マ ヨン
あなたは何の泳ぎをしますか？

Wǒ yóu zì yóu yǒng
－我 游 自由泳。
ウオ ヨウ ヅー ヨウ ヨン
私はクロールを泳ぎます。

单词

動詞	xué 学 学ぶ		
VO 動詞	sàn bù 散步 散歩する	dǎ gōng 打工 アルバイトする	yóu yǒng 游泳 泳ぐ、水泳
その他	zì yóu yǒng 自由泳 クロール	nǎr 哪儿 どこ	

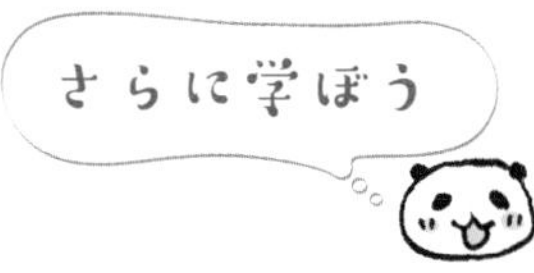

よく使う VO 動詞と動詞フレーズ

もう少し VO 構造の動詞を紹介しましょう。「寝る」「入浴する」といった、1 日の生活の中での行動を表す動詞に、VO 動詞が多いです。こうした VO 動詞は、動詞（V）と目的語（O）に分解できるものと、目的語（O）単独で「こういう意味だ」と言いづらいものがあります（意味が言いにくいものは - としてあります）。1 字ずつの意味にとらわれず、この構造を理解したうえでまるごと覚えてしまいましょう。

動詞（V）	目的語（O）	全体の意味（VO）
shuì 睡　寝る	jiào 觉　-	shuì jiào 睡觉　就寝する
xǐ 洗　洗う	zǎo 澡　-	xǐ zǎo 洗澡　入浴する
chū 出　出る	mén 门　ドア	chū mén 出门　出かける
liáo 聊　雑談する	tiān 天　-	liáo tiān 聊天　おしゃべりする
sàn 散　-	bù 步　足取り	sàn bù 散步　散歩する
pǎo 跑　走る	bù 步　足取り	pǎo bù 跑步　ジョギングをする
tiào 跳　はねる	wǔ 舞　ダンス	tiào wǔ 跳舞　踊る、ダンスをする
jié 结　結ぶ	hūn 婚　婚姻	jié hūn 结婚　結婚する
kǎo 考　試験する	shì 试　試験	kǎo shì 考试　試験を受ける、試験をする
huí 回　帰る	jiā 家　家	huí jiā 回家　帰宅する
shàng 上　通う	bān 班　-	shàng bān 上班　仕事に行く
shàng 上　通う	xué 学　学校	shàng xué 上学　学校に行く
shàng 上　受ける	kè 课　授業	shàng kè 上课　授業を受ける、授業を行う

66 ページの表における動詞（V）の単独の意味と、VO 動詞全体の意味を比較してみましょう。

睡 (shuì) が「寝る」なら、睡觉 (shuì jiào)「寝る、就寝する」は何のために必要なのか、睡と睡觉の違いは何か、と思うかもしれません。

初級の段階で両者の違いを説明するのは少し難しいのですが、強いて言うなら、2 文字の睡觉（shuì jiào）は「睡眠」や「就寝」のニュアンスに近いといえます。

同様に、跑（pǎo）と跑步（pǎo bù）の違いも、「走る」と「ジョギング」の差となります。「ジョギングが好きです」と中国語で言うと、

Wǒ xǐ huān pǎo bù
我喜欢跑步。 私はジョギングが好きです。
ウオ シィ ホアンパオ ブゥ

× **我喜欢跑。** とは言わない。

となりますので、気をつけてください。跑 (pǎo) は単に「走る」という意味で、「ジョギング」ではないのです。

もう一点大事なのは、散步 (sàn bù) や考试 (kǎo shì) といった VO 構造の語句は、さらに後ろに目的語をともなうことができないという点です。

たとえば、「公園を散歩する」は、散步公园（sàn bù gōng yuán）とは言えません。正しくは、

Zài gōng yuán sàn bù
在公园散步。 公園で散歩します。
ヅァイゴォンユエンサン ブゥ

となります。

［在 (zài) ＋場所＋動詞］は「〜で…をする」を表す文です。(→p.94)

もう 1 つ例を見てみましょう。「大学を受験する」と言うときは、

× **考试大学。**

とは言わず、

Kǎo dà xué
考大学。 大学を受験します。
カオ ダァ シュエ

となります。

第2章 文型から学ぶ中国語

日常でよく使う動詞フレーズ

ここで、日常でよく使う動詞フレーズをもう少し取り上げておきましょう。

VO 動詞と似ているのですが、動詞と目的語を組み合わせた動詞フレーズとなります。

動詞		目的語		全体の意味	
hē 喝	飲む	kā fēi 咖啡	コーヒー	hē kā fēi 喝咖啡	コーヒーを飲む
chī 吃	食べる	fàn 饭	ご飯	chī fàn 吃饭	食事する
dǎ 打	打つ	diàn huà 电话	電話	dǎ diàn huà 打电话	電話をする
dǎ 打	とる	chē 车	タクシー	dǎ chē 打车	タクシーを拾う
kàn 看	読む	shū 书	本	kàn shū 看书	読書する
tīng 听	聴く	yīn yuè 音乐	音楽	tīng yīn yuè 听音乐	音楽を聴く
wánr 玩儿	遊ぶ	yóu xì 游戏	ゲーム	wánr yóu xì 玩儿游戏	ゲームをする
zhǎo 找	探す	gōng zuò 工作	仕事	zhǎo gōng zuò 找工作	仕事を探す
xǐ 洗	洗う	yī fu 衣服	服	xǐ yī fu 洗衣服	洗濯をする
mǎi 买	買う	dōng xi 东西	物	mǎi dōng xi 买东西	買い物をする
mǎi 买	買う	fáng zi 房子	家、不動産	mǎi fáng zi 买房子	家を買う
chàng 唱	唄う	kǎ lā OK 卡拉 OK	カラオケ	chàng kǎ lā OK 唱卡拉 OK	カラオケをする
dāng 当	なる	gōng wù yuán 公务员	公務員	dāng gōng wù yuán 当公务员	公務員になる

8時に出家する？

忘れがたい中国語作文に出会ったことがあります。

我 8 点 出家。

日本語に訳すと「私は 8 時に出家する」。

「出家」とは日本語の「出家」と同じように「世を捨て、家族や友だちといっさい関係を断ち切る」ことを意味します。この文を書いた方は、仏門に帰依したいような人には見えなかったので、かなり驚いたのを覚えています。……というのはもちろん嘘です（笑）。

きっと、「8 時に家を出る」と言いたかったのでしょう。中国語は SVO だから、確かに「家を出る」が**出家**となりますね。

しかし、中国語で「家を出る」は中国語ではそのまま「家から出る」と言うので

从 家 出来（cóng jiā chū lái）

となります。

中国語は［主語＋動詞＋目的語］だからと、知っている漢字の語彙をこの語順で並べると必ず変な表現が出てきます。外国語は、文法も大事ですが、よく使われるイディオム、フレーズを 1 つずつ覚えることのほうがもっと大事なのです。文法だけわかっても、自分で外国語を使えるようにはなりません。

皆さんは、文法を理解したうえで、さらにリアルな文や語句とたくさん出会ってくださいね。

外国語学習は、教科書から一歩踏み出す勇気が大事です。

第12課　練習問題

問1　次の日本語を中国語にしましょう。

（1）中国語を学ぶ　＿＿＿＿＿＿　（2）中国に行く　＿＿＿＿＿＿

（3）電話をする　＿＿＿＿＿＿　（4）読書する　＿＿＿＿＿＿

問2　次の中国語を日本語にしましょう。

（1）我起床。＿＿＿＿＿＿　（2）我吃饭。＿＿＿＿＿＿

（3）我出门。＿＿＿＿＿＿　（4）我回家。＿＿＿＿＿＿

問3　（　　）に入る語を下の［　　］の中から１つずつ選びましょう。

（1）我洗（　　　）。／（2）我买（　　　）。

（3）我唱（　　　）。／（4）我跑（　　　）。

［卡拉OK　步　衣服　东西］

問4　質問に対して Yes と No の場合を中国語で答えてみましょう。答えた後に音声で発音を確認しましょう。

例　你买东西吗？　(Yes) 我买东西。/(No) 我不买东西。

（1）你跳舞吗？　(Yes) ＿＿＿＿＿＿

(No) ＿＿＿＿＿＿

（2）你唱卡拉OK吗？　(Yes) ＿＿＿＿＿＿

(No) ＿＿＿＿＿＿

（3）你跑步吗？　(Yes) ＿＿＿＿＿＿

(No) ＿＿＿＿＿＿

問5　次の質問文を完成させましょう。答えた後に音声で発音を確認しましょう。

例　我上课。　→ 什么 → 你上什么课？

あなたはどんな授業を受けますか？

（1）我打工。　→　什么 → ＿＿＿＿＿＿？

あなたはどんなアルバイトをしますか？

(2) 我看书。 → 什么 → ________________?

あなたはどんな本を読みますか？

(3) 我听音乐。→ 什么 → ________________?

あなたはどんな音楽を聞きますか？

解答

問1 (1) 学汉语　(2) 去中国　(3) 打电话　(4) 看书

問2 (1) 私は起きます。　(2) 私は食事をします。
(3) 私は出かけます。　(4) 私は帰宅します。

問3 (1) 我洗衣服。　(2) 我买东西。　(3) 我唱卡拉 OK。　(4) 我跑步。

問4 (1) (Yes) 我跳舞。　(No) 我不跳舞。
(2) (Yes) 我唱卡拉 OK。　(No) 我不唱卡拉 OK。
(3) (Yes) 我跑步。　(No) 我不跑步。

問5 (1) 你打什么工?　(2) 你看什么书?
(3) 你听什么音乐?

中国語での返答の仕方について

你是日本人吗?「日本人ですか？」、**你学汉语吗?**「中国語を学びますか？」などの「~吗（ma）？」の文は、そうであるのか、そうでないのかを相手に確認する yes/no の質問です。

その返答として、日本語や英語なら「はい yes」か「いいえ no」ですむのですが、中国語は「はい yes / いいえ no」で答えたりしません。代わりに、問4の解答のような答え方をします。つまり、「はい」ならもう一度相手の言ったことをくり返し（吗は消します）、「いいえ」なら、動詞の前に不（bù）をつけます（後ろの動詞の声調に応じて不が4声 **bù** か2声 **bú** に変化することも忘れずに）。いずれにしても、相手の言った質問をくり返す感じになるので、「オウム返し」式と覚えておきましょう。

では、このやり方で答えてみましょう。**你是日本人吗?　你学汉语吗?**

また、**你是不是日本人?　你学不学汉语?** のような反復疑問文の場合は、**是。**（**不是。**）や、**学。**（**不学。**）のように答えます。

第13課 私には妹が1人います。

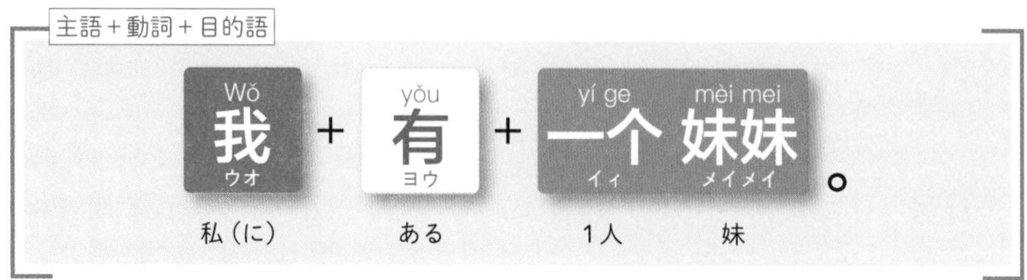

持っているものや、そこにあるもののことを話すときは、［主語＋有（yǒu）＋目的語］を使います。［主語＋有（yǒu）＋目的語］は、物の所有だけでなく、親族関係にも使える表現です。

Wǒ yǒu liǎng ge jiě jie
我 有 两个 姐姐。 私は姉が2人います。
ウオ ヨウ リアン グァ ジエ ジエ

複数の兄弟姉妹がいることを言う場合は次のような形にします。

人数＋兄弟姐妹（xiōng dì jiě mèi）／**兄弟姉妹**

人数		兄弟姐妹			
yí ge 一个 イィグァ	＋	jiě jie 姐姐 ジエ ジエ 姉	mèi mei 妹妹 メイ メイ 妹	gē ge 哥哥 グァ グァ 兄	dì di 弟弟 ディーディー 弟
liǎng ge 两个 リアングァ					

Wǒ yǒu liǎng tái diàn nǎo
我 有 两台 电脑。 私にはパソコンが2台あります。
ウオ ヨウ リアン タイ ディエン ナオ

Nèi ge rén yǒu hěn duō qián
那个人 有 很多 钱。 あの人はお金持ちです。
ネイ グァ レン ヨウ ヘン ドゥオ チエン

Nǐ jiā yǒu jǐ kǒu rén
你家 有 几口人？ あなたの家族は何人家族ですか？
ニィ ジア ヨウ ジィ コウ レン

Wǒ jiā yǒu sì kǒu rén
－我家 有 四口人。 私の家は4人家族です。
ウオ ジア ヨウ スー コウ レン

パソコンが「2台」あるときは、两台（liǎng tái）となります。助数詞が後ろに来るときは二ではなく两を使います。

「何人家族？」と聞く場合は、几口人（jǐ kǒu rén）を使います。四口人（sì kǒu rén）は「4人家族」を指します。

口（kǒu）は、世帯をともにする家族の人数を数えるときの助数詞なので、家族関係にはない、ただの「4人」は四个人（sì ge rén）となります。たとえば、「家に4人の来客がある」という状況では、次の文となります。

Wǒ jiā yǒu sì ge rén
我家 有 四个人。 私の家には4人います。
ウオ ジア ヨウ スー グァ レン

主語の位置には場所などを表す語を置くこともできます。

Qián biān yǒu yí ge gōng yuán
前边 有 一个 公园。 前に公園が1つあります。
チエンビエン ヨウ イィ グァ ゴォンユエン

疑問文・否定文

疑問文にするときは、文末に吗（ma）を置きます。

Nǐ yǒu shí jiān ma
你 有 时间 吗？ 時間がありますか？
ニィ ヨウ シージエン マァ

否定文「～がない」は、［主語＋没有（méi you）＋目的語］となります。有（yǒu）と没有（méi you）は2つの動詞としてセットで覚えましょう。

Wǒ méi you shí jiān
我 没有 时间。 私には時間がありません。
ウオ メイ ヨウ シージエン

Wǒ méi you xiōng dì jiě mèi
我 没有 兄弟姐妹。 私には兄弟姉妹がいません。
ウオ メイ ヨウ シオンディージエ メイ

Zhèr méi you xǐ shǒu jiān
这儿 没有 洗手间。 ここにはトイレがありません。
ヂョアアル メイ ヨウ シィ ショウジエン

单词

動詞	yǒu 有 ある		méi you 没有 ない	
目的語	shí jiān 时间 時間		xǐ shǒu jiān 洗手间 お手洗い、トイレ	
その他	hěn duō 很多 たくさん	qián biān 前边 前に	jǐ kǒu rén 几口人 何人家族	zhèr 这儿 ここ

第14課 私は家にいます。

「（人、もの）が（場所）にいます、あります」は、［主語＋在（zài）＋場所］を使います。前の課で学習した［主語＋有（yǒu）＋目的語］と混乱しやすいのですが、有（yǒu）の文は「ものや人が存在していること」を表現しているのに対し、在（zài）の文はそこからさらに一歩踏み込んで、「どこにある／いるのか」という居場所を追求します。

Nǐ zài nǎr　Wǒ zài fáng jiān

你 在 哪儿？ － 我 在 房间。

ニィ ヅァイ ナァ アル　ウオ ヅァイ ファアン ジエン

あなたはどこにいますか？　私は部屋にいます。

Nǐ jiě jie zài nǎr

你 姐姐 在 哪儿？　あなたのお姉さんはどこにいますか？

ニィ ジエ ジエ ヅァイ ナァ アル

Tā zài fáng jiān li

－她 在 房间里。　彼女は部屋の中にいます。

タァ ヅァイ ファアン ジエン リィ

また、次の例が示すように、「～は～にいる／あるのでしょうか？―はい／いいえ」というやりとりのときにも用いられます。

Nǐ míng tiān zài gōng sī ma　Wǒ bú zài gōng sī

你 明天 在 公司 吗？ － 我 不 在 公司。

ニィ ミィンティエン ヅァイ ゴォン シー マァ　ウオ ブゥ ザイ ゴォン シー

明日会社にいますか？　私は会社にいません。

里と上の使い方

在（zài）の文は、場所を表す語の後によく、～里（li）や～上（shang）が続き、［主語＋在＋場所（里／上）］で「～の中に／～の上にある・いる」という表現になります。

里と上は、名詞の後では、それぞれ、里（lǐ）が（li）に、上（shàng）が（shang）と軽声になるので注意が必要です。

Bà ba zài xǐ shǒu jiān **li**
爸爸 在 洗手间里。 父はトイレの中にいます。
バァ バァ ヅァイ シィ ショウジエン リィ

Nǐ de shǒu jī zài nǎr
你 的 手机 在 哪儿? あなたの携帯電話はどこにありますか？
ニィ ドァ ショウジィ ヅァイ ナァ アル

Wǒ de shǒu jī zài zhuō zi **shang**
－我 的 手机 在 桌子上。 私の携帯電話は机の上にあります。
ウオ ドァ ショウ ジィ ヅァイ ヂュオ ヅー シャン

「どこ」「そこ」などを表す表現

最後に、場所を表す語でよく出てくる这儿（zhèr）「ここ」、那儿（nàr）「そこ・あそこ」、哪儿（nǎr）「どこ」を、在（zài）の文で覚えておきましょう。

Nǐ zài nǎr
你 在 哪儿?
ニィ ヅァイ ナァ アル
あなたはどこにいますか？

Wǒ zài zhèr
－我 在 这儿。
ウオ ヅァイ ヂョア アル
私はここにいます。

Nǐ jiā zài nǎr
你家 在 哪儿?
ニィ ジア ヅァイ ナァ アル
あなたの家はどこにありますか？

Wǒ jiā zài nàr
－我家 在 那儿。
ウオ ジア ヅァイ ナァ アル
私の家はそこにあります。

单词

名詞	fáng jiān 房间	部屋	shǒu jī 手机	携帯電話

第 13 ～ 14 課　練習問題

問 1　Q1 の質問に対し答えを 1 つ選び、さらに Q2 の質問に中国語で答えましょう。

Q1 你有电脑吗？

↓ ↘

我有电脑。or 我没有电脑。

↓

Q2 你有几台电脑？

________________（2 台）。

Q1 你有手机吗？

↓ ↘

我有手机。or 我没有手机。

↓

Q2 你有几个手机？

________________（2 個）。

問 2　次の質問に中国語で答えましょう。

(1) 你有兄弟姐妹吗？　________________。

(2) 你家有几口人？　________________。

(3) 你家有几个房间？　________________。

(4) 日本的公园里有洗手间吗？　________________。

(5) 你明天在公司吗？　________________。

問 3　音声を聴いて、中国語の質問を書き取りましょう。

(1) ________________________________？

(2) ________________________________？

(3) ________________________________？

(4) ________________________________？

(5) ________________________________？

問 4　次の文を読んで、最後の Q に中国語で答えましょう。

Wǒ jiā yǒu sān ge fáng jiān　Bà ba hé mā ma zài yí ge fáng jiān
我家有 3 个房间。爸爸和妈妈在一个房间。

Wǒ hé jiě jie zài yí ge fáng jiān　Dì di hé gē ge zài yí ge fáng jiān
我和姐姐在一个房间。弟弟和哥哥在一个房间。

Q　我家（Wǒ jiā）一共*（yí gòng）有（yǒu）几口人（jǐ kǒu rén）？

＊一共 (yí gòng)「全部で、トータルで」

______________________________。

解答

問1　Q1 我有电脑。or 我没有电脑。　　Q1 我有手机。or 我没有手机。

Q2 我有两台电脑。　　Q2 我有两个手机。

問2［解答例］（1）我没有兄弟姐妹。　（2）我家有两口人。

（3）我家有两个房间。　（4）日本的公园里有洗手间。

（5）我明天不在公司。

問3（1）你有兄弟姐妹吗？　（あなたは兄弟がいますか？）

（2）你家有几口人？　（あなたの家は何人家族ですか？）

（3）你家有几个房间？　（あなたの家は部屋がいくつありますか？）

（4）日本的公园里有洗手间吗？　（日本の公園の中にトイレがありますか？）

（5）你明天在公司吗？　（あなたは明日会社にいますか？）

問4［解答例］我家一共有六口人。（私の家は全部で６人家族です。）

【和訳】私の家には部屋が３つあります。父と母が１つの部屋にいます。私と姉が１つの部屋にいます。弟と兄が１つの部屋にいます。

Q（私の家には家族が全部で何人いますか？）

♪春天在哪里「春はどこ？」

子どものころ、よく春天在哪里「春はどこ？」という歌を歌っていました。中国の童謡です。曲調が単純で歌詞も難しくないので、在や有の文になると今でもこの歌を教室で教えるようにしています。みなさんも機会があれば聴いてみてください。ここまでで学んだ、在、有、这里（zhè li）「ここ」、那里（nà li）「そこ、あそこ」、哪里（nǎ li）「どこ」が全部出てきます。这儿・那儿・哪儿は、書き言葉では、这里・那里・哪里に置き換わることが多いです。

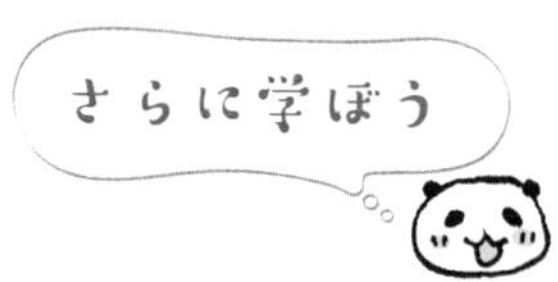

場所・方向を表す言葉

「(主語が) ～のところにいます／あります」という存在や居場所を伝えるには、「～のところ」すなわち「場所」の表現が必要です。ここまでに登場した、場所に関する言葉をおさらいし、さらに方向（上、下など）の言い方も学んでおきましょう。

〈場所の指示詞〉

	ここ	そこ・あそこ	どこ
話し言葉	这儿 zhèr	那儿 nàr	哪儿 nǎr
書き言葉	这里 zhè li	那里 nà li	哪里 nǎ li

〈施設・場所になりうる語〉

国	Rì běn 日本 リーベン 日本	Zhōng guó 中国 チォングゥオ 中国	Hán guó 韩国 ハングゥオ 韓国	Měi guó 美国 メイグゥオ アメリカ
都市	Dōng jīng 东京 ドォンジィン 東京	Běi jīng 北京 ベイジィン 北京	Shǒu' ěr 首尔 ショウアル ソウル	Niǔ yuē 纽约 ニウユエ ニューヨーク
施設	xué xiào 学校 シュエシアオ 学校	gōng sī 公司 ゴォンスー 会社	shāng diàn 商店 シァアンディエン 店	yín háng 银行 インハァン 銀行
施設	gōng yuán 公园 ゴォンユエン 公園	chē zhàn 车站 チョアヂャン バス停、駅	chāo shì 超市 チャオシー スーパー	yī yuàn 医院 イィユエン 病院
施設	fàn guǎn 饭馆 ファングワン レストラン	tú shū guǎn 图书馆 トゥシュウグワン 図書館	jī chǎng 机场 ジィチャアン 空港	jiǔ diàn 酒店 ジウディエン ホテル
屋内	fáng jiān 房间 ファアンジエン 部屋	xǐ shǒu jiān 洗手间 シィショウジエン トイレ	jiào shì 教室 ジアオシー 教室	chú fáng 厨房 チュウファアン 台所

〈方向を表す言葉〉

1 文字で使える語					
～里 li ～の中	xué xiào li 学校里 シュエシアオリィ 学校の中	gōng sī li 公司里 ゴォンスーリィ 会社の中	chē zhàn li 车站里 チョァヂャンリィ 駅の中	gōng yuán li 公园里 ゴォンユエンリィ 公園の中	fáng jiān li 房间里 ファァンジエンリィ 部屋の中
～上 shang ～の上	zhuō zi shang 桌子上 ヂュオヅーシャアン 机の上	yǐ zi shang 椅子上 イィヅーシャアン 椅子の上	qiáng shang 墙上 チアンシャアン 壁の上	hēi bǎn shang 黑板上 ヘイバンシャアン 黒板の上	

＊上と里は边と面をつけても使うことができます。

～边（biān）/面（miàn）をつけないと使えない語		biān 边 ビエン	miàn 面 ミエン
wài 外 ワイ	そと	wài biān 外边 ワイビエン	wài mian 外面 ワイミエン
xià 下 シア	した	xià biān 下边 シアビエン	xià mian 下面 シアミエン
qián 前 チエン	まえ	qián biān 前边 チエンビエン	qián mian 前面 チエンミエン
hòu 后 ホウ	うしろ	hòu biān 后边 ホウビエン	hòu mian 后面 ホウミエン
zuǒ 左 ヅゥオ	ひだり	zuǒ biān 左边 ヅゥオビエン	zuǒ mian 左面 ヅゥオミエン
yòu 右 ヨウ	みぎ	yòu biān 右边 ヨウビエン	yòu mian 右面 ヨウミエン
páng 旁 パァン	そば	páng biān 旁边 パァンビエン	
duì 对 ドゥイ	むかい		duì miàn 对面 ドゥイミエン

第15課 私は10分間休みます。

「主語が～（時間）…する」ということを表す表現は、時間の長さを表す単語を、動詞の後に置くことでつくることができます。

「1時間」は、一个小时（yí ge xiǎo shí）と言い、小时（xiǎo shí）が「～時間」と数えるときの単語にあたります。时间（shí jiān）「時間」という単語もありますが、こちらは「～の時間」と言うようなときに使います。

Nǐ měi tiān shuì jǐ ge xiǎo shí
你 每天 睡 几个 小时？ あなたは毎日何時間寝ますか？
ニィ メイ ティエン シュイ ジィ グァ シャオ シー

Wǒ měi tiān shuì liù ge xiǎo shí
－我 每天 睡 六个小时。 私は毎日6時間寝ます。
ウオ メイ ティエン シュイ リウ グァ シャオ シー

fēn zhōng ～分钟 フェンヂォン　～分間	yì fēn zhōng 一分钟 イィフェンヂォン	1分間	liǎng fēn zhōng 两分钟 リアンフェンヂォン	2分間
ge xiǎo shí ～个小时 グァシャオシー　～時間	bàn ge xiǎo shí 半个小时 バングァシャオシー	30分	yí ge xiǎo shí 一个小时 イィグァシャオシー	1時間
	yí ge bàn xiǎo shí 一个半小时 イィグァバンシャオシー	1時間半	liǎng ge xiǎo shí 两个小时 リアングァシャオシー	2時間
tiān ～天 ティエン　～日	yì tiān 一天 イィティエン	1日	liǎng tiān 两天 リアンティエン	2日
ge xīng qī ～个星期 グァシィンチィ　～週間	yí ge xīng qī 一个星期 イィグァシィンチィ	1週間	liǎng ge xīng qī 两个星期 リアングァシィンチィ	2週間
ge yuè ～个月 グァユエ　～か月	yí ge yuè 一个月 イィグァユエ	1か月	liǎng ge yuè 两个月 リアングァユエ	2か月
nián ～年 ニエン　～年	yì nián 一年 イィニエン	1年	liǎng nián 两年 リアンニエン	2年

また、「どのくらい、～しますか？」という時間の長さを質問するときは、多长时间（duō cháng shí jiān）を使います。

Nǐ pǎo duō cháng shí jiān
你 跑 多长时间？ あなたはどのくらい走りますか？
ニィ パオ ドゥオチャアン シー ジエン

Wǒ pǎo bàn ge xiǎo shí
－我 跑 半个小时。 私は30分走ります。
ウオ パオ バン グァ シャオ シー

時間を表す語の使い分け

中国語では、「火曜日に行きます」「３時に行きます」と言う場合は、時間を動詞の前に置きます。時間の長さを言う文とは、時間を表す語を置く場所が違うので区別して覚えましょう。

〔主語＋時間＋動詞〕	〔主語＋動詞＋時間〕
Wǒ xīng qī èr qù 我 星期二 去。 私は火曜日に行きます。 ウオ シィンチィ アル チュイ	Wǒ qù liǎng ge xīng qī 我 去 两个星期。 私は２週間行きます。 ウオ チュイ リアングァ シィンチィ
Wǒ sān diǎn qù 我 三点 去。 私は３時に行きます。 ウオ サンディエン チュイ	Wǒ qù sān ge xiǎo shí 我 去 三个小时。 私は３時間行きます。 ウオ チュイ サン グァ シャオ シー
Wǒ èr hào qù 我 二号 去。 私は２日に行きます。 ウオ アル ハオ チュイ	Wǒ qù liǎng tiān 我 去 两天。 私は２日間行きます。 ウオ チュイ リアンティエン

「何曜日に行きますか？」と聞く場合、星期几（xīng qī jǐ）「何曜日」を動詞の前に置きます。

Nǐ xīng qī jǐ qù
你 星期几 去？ あなたは何曜日に行きますか？
ニィ シィンチィ ジィ チュイ

動詞	xiū xi 休息 休む	
時間	měi tiān 每天 毎日	duō cháng shí jiān 多长时间 どのくらいの時間

第15課　練習問題

問1　以下の日本語を「～边 (biān)」(→p.79) を使って中国語にしましょう。

机の上	部屋の中	学校の外	駅の前
＿＿＿＿	＿＿＿＿	＿＿＿＿	＿＿＿＿

問2　以下の日本語を中国語にしましょう。

1時間	1日	1週間	1か月
＿＿＿＿	＿＿＿＿	＿＿＿＿	＿＿＿＿

問3　**問2** の単語を使い、以下の日本語を中国語にしましょう。

(1) 私は1時間勉強します。 ＿＿＿＿＿＿＿＿＿＿

(2) 私は1日働きます（工作）。 ＿＿＿＿＿＿＿＿＿＿

(3) 私は1週間行きます。 ＿＿＿＿＿＿＿＿＿＿

(4) 私は1か月休みます（休息）。 ＿＿＿＿＿＿＿＿＿＿

問4　以下のピンインを簡体字に直しましょう。

yì diǎn	xīng qī yī	yī yuè	yī hào
＿＿＿＿	＿＿＿＿	＿＿＿＿	＿＿＿＿

問5　**問4** の時間詞を使い、以下の日本語を中国語にしましょう。

(1) 私は1時に勉強します。 ＿＿＿＿＿＿＿＿＿＿

(2) 私は月曜日に働きます。 ＿＿＿＿＿＿＿＿＿＿

(3) 私は1月に行きます。 ＿＿＿＿＿＿＿＿＿＿

(4) 私は1日に休みます。 ＿＿＿＿＿＿＿＿＿＿

問6　以下の質問に中国語で答えましょう。

(1) 你几点学汉语？ ＿＿＿＿＿＿＿＿＿＿

(2) 你学多长时间？ ＿＿＿＿＿＿＿＿＿＿

(3) 你几点睡觉？ ＿＿＿＿＿＿＿＿＿＿

(4) 你睡多长时间？ ＿＿＿＿＿＿＿＿＿＿

解答

問1

桌子上边	房间里边	学校外边	车站前边

問2

一个小时	一天	一个星期	一个月

問3 （1） 我学一个小时。　（2） 我工作一天。

（3） 我去一个星期。　（4） 我休息一个月。

問4 ［解答例］

一点	星期一	一月	一号

問5 （1） 我一点学。　（2） 我星期一工作。

（3） 我一月去。　（4） 我一号休息。

問6 ［解答例］

（1）（あなたは何時に中国語を勉強しますか？）　我一点学汉语。

（2）（あなたはどのくらい勉強しますか？）　我学一个小时。

（3）（あなたは何時に寝ますか？）　我两点睡觉。

（4）（あなたはどのくらい寝ますか？）　我睡两个小时。

1時間を勉強する？

中国語の時間詞のあれこれを見てきましたが、いかがでしたか？　少し混乱しているのではないでしょうか？「なんで、同じ時間なのに、動詞の後ろだったり、前だったりするのですか？！」という声が聞こえてきそうです。けれども、中国語を話す人にとって、「ある時点としての時間」と「時間の長さ」はまるっきり異なる認識なのです。

中国語の話者にとっては、1時間、1日、1週間は立派な動詞の目的語なのです。そのため、日本語を話すときも、ついつい「1時間を勉強します」、「20分を走ります」などと言ってしまいます。

外国語を学ぶことは、その言葉を話す人の考え方を知ることでもあるのかもしれません。

第16課 私は2週間中国に行きます。

主語＋動詞＋目的語 ＋目的語
Wǒ 我 ウオ
qù 去 チュィ
liǎng ge xīng qī 两个星期 リアン グァ シィン チィ
Zhōng guó 中国 ヂォン グォ
。
私は
行く
2週間（時間）
中国（目的語）

前の課では、動詞の後ろ（目的語の場所）に時間の長さを置く表現を学びました。しかし、じつはここに問題が1つ発生していました。「時間が動詞の後ろなら、本当の目的語はどこに置けばよいのか？」という問題です。

たとえば、「中国に2週間行く」と言いたいとき。この場合は上の囲みの例文のように［主語＋動詞＋**時間**＋目的語］という語順で、本当の目的語を時間の後に置きます。

Wǒ kàn liǎng ge xiǎo shí shū
我 看 两个小时 书。
ウオ カン リアン グァ シアオ シー シュウ
私は2時間本を読みます。

Wǒ méi tiān kàn yí ge xiǎo shí diàn shì
我 每天 看 一个小时 电视。
ウオ メイ ティエン カン イィ グァ シアオ シー ディエン シー
私は毎日1時間テレビを見ます。

「～時に…をします」と言うときは、前の課で学んだように時刻や日付を動詞の前に置きます。次のような場合は、［主語＋時間＋動詞＋目的語］の語順となります。

Wǒ yì diǎn kàn diàn shì
我 一点 看 电视。
ウオ イィ ディエン カン ディエン シー
私は1時にテレビを見ます。

中国語は、時間の長さなのか、ある時点なのかに関して、意外と神経質なのです。

名詞 diàn shì 电视 テレビ（テレビ番組）

第17課 私は中国に1回行きます。

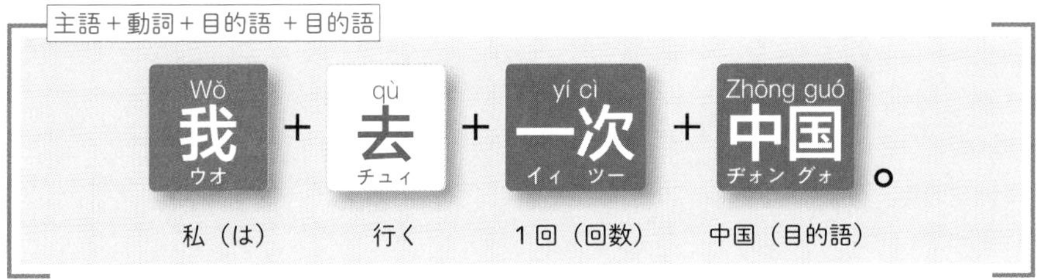

回数を表す語は、時間の長さと同じく動詞の後ろに来ます。

一次（yí cì）は、体験としての回数です。このほか、回数を表す語に一下（yí xià）があります。

Nǐ chī yí cì huǒ guō
你 吃 一次 火锅。 あなたは1回火鍋を食べてみてください。
ニィ チー イィ ツー ホゥオ グォ

Wǒ tīng yí xià CD
我 听 一下 CD。 私はCDを1回聴きます。
ウオ ティン イィ シア シーディー

Nǐ kàn yí xià zhèi ge
你 看 一下 这个。 あなたはこれを1回見てください。
ニィ カン イィ シア ヂェイ グァ

一遍（yí biàn）は、「はじめから終わりまで通しで～をする」という意味です。

Wǒ kàn yí biàn zhèi ge diàn yǐng
我 看 一遍 这个 电影。 私はこの映画を1回見ます。
ウオ カン イィ ビエン ヂェイ グァ ディエンイィン

このように中国語には回数を表す語がたくさんあり、覚えるのが少し大変ですが、どんな語であれ、必ず［主語＋動詞＋目的語＋目的語］の構造をしているので、見抜けるはずです。

単词

回数	yí cì 一次 1回	yí xià 一下 1回	yí biàn 一遍 1回
その他	huǒ guō 火锅 火鍋	tīng 听 聞く	diàn yǐng 电影 映画

第18課 あなたに1冊の本をあげます。

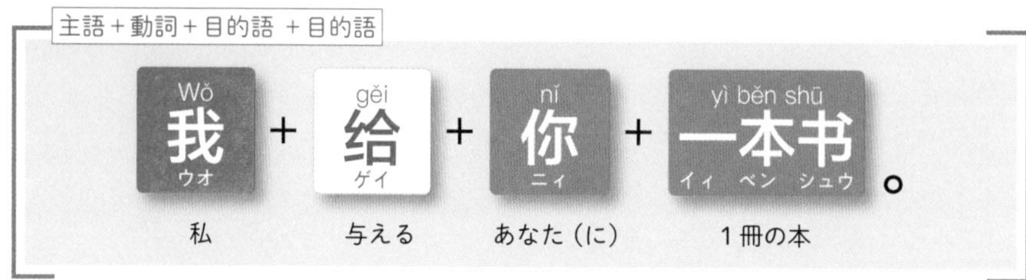

「(人) に (もの) を与える」ことを表すときは、[主語＋動詞＋目的語＋目的語] の形をつくります。

给 (gěi) は「与える」という意味です。中国語は、「あげる⟷くれる」の区別がないので、「私に〜をくれる」というときも给 (gěi) を使います。

Tā gěi wǒ yì shuāng xié
他 给 我 一双鞋。　彼は私に靴を1足くれました。
タァ ゲイ ウオ イィ シュアン シエ

もう1つ、送「あげる、プレゼントする」(sòng) という動詞を覚えましょう。

Wǒ sòng tā yì hé qiǎo kè lì
我 送 他 一盒巧克力。　私は彼にチョコレートを1箱プレゼントしました。
ウオ ソォン タァ イィ ホァ チアオ クァ リィ

教と告诉の使い分け

「教える」「伝える」などの行為を表すときも[主語＋動詞＋目的語＋目的語]の形をとります。教 (jiāo) も告诉 (gào su) も日本語だと「教える」になるのですが、教 (jiāo) は「知識を伝授すること」、告诉 (gào su) は「言う、伝える」に当たります。

Wǒ jiāo nǐ yì shǒu gē
我 教 你 一首歌。　私はあなたに歌を1曲教えてあげます。
ウオ ジアオ ニィ イィ ショウ グァ

Wǒ gào su nǐ yí jiàn shì
我 告诉 你 一件事。　私はあなたにあることを教えてあげます。
ウオ ガオ スゥ ニィ イィ ジエン シー

「人に、何かを尋ねる、質問する」場合も同じ文型となります。

问 问题（wèn wèn tí）で、「質問する」という意味です。「～に質問する」は、[问＋人＋问题]となります。このときの助数詞は个（ge）を使い、一个问题（yí ge wèn tí）・两个问题（liǎng ge wèn tí）のように言います。

Wǒ wèn nǐ yí ge wèn tí
我 问 你 一个问题。 私はあなたに１つ質問します。
ウオ ウェン ニィ イィ グォ ウェンティ

ものを与えたり、受け取ったりする文では、[一（助数詞）＋名詞] の形が２つめの目的語となることが多いです。

ここで、身の回りのアイテムを助数詞と一緒にまとめておきましょう。

ファッション	yí jiàn yī fu **一件**衣服 １着の服 イィジエンイィフゥ	yí kuài shǒu biǎo **一块**手表 イィクワイショウビアオ １つの腕時計	yì shuāng xié **一双**鞋 １足の靴 イィシュアンシエ
	yí ge shū bāo **一个**书包 １つの鞄 イィグァシュウバオ	yí ge huà zhuāng pǐn **一个**化妆品 １つの化粧品 イィグァホアヂュアンピン	
食品	yí ge dàn gāo **一个**蛋糕 イィグァダンガオ １つのケーキ	yì hé qiǎo kè lì **一盒**巧克力 イィホァチアオクァリィ １箱のチョコレート	yì píng jiǔ **一瓶**酒 イィピィンジウ １本のお酒
娯楽	yì běn shū **一本**书 １冊の本 イィベンシュウ	yì zhāng huà **一张**画 １枚の絵 イィヂャアンホア	yì zhāng CD **一张**CD １枚のCD イィヂャアン
	yì zhāng piào **一张**票 １枚の券 イィヂャアンピアオ	yí ge yóu xì **一个**游戏 １つのゲーム イィグァヨウシィ	
電子機器	yí ge zhào xiàng jī **一个**照相机 イィグァヂャオシアンジィ １台のカメラ	yí ge shǒu jī **一个**手机 イィグァショウジィ １つの携帯	yì tái diàn shì jī **一台**电视机 イィタイディエンシージィ １台のテレビ
乗り物	yí liàng qì chē **一辆**汽车 イィリアンチィチョア １台の車	yí liàng zì xíng chē **一辆**自行车 イィリアンヅーシィンチョア １台の自転車	

单词

動詞	gěi **给** 与える	sòng **送** プレゼントする	jiāo **教** 教える
	gào su **告诉** 言う、伝える	wèn **问** 質問する	wèn tí **问题** 質問
その他	yì shǒu gē **一首歌** １曲の歌	yí jiàn shì **一件事** １つのこと（あること）	

第16～18課　練習問題

問1　（　　）に入る回数を表す語を下の［　　］の中から1つずつ選び、日本語に訳しましょう。

(1) 我吃（　　　）火锅。 ＿＿＿＿＿＿＿＿

(2) 我看（　　　）这个电影。 ＿＿＿＿＿＿＿＿

(3) 你听（　　　）这个 CD。 ＿＿＿＿＿＿＿＿

［一下 / 一遍 / 一次］

問2　（　　）に入る助数詞を下の［　　］の中から1つずつ選び、日本語に訳しましょう。

一（　）问题	一（　）鞋	一（　）事	一（　）歌
訳：	訳：	訳：	訳：

［个 / 件 / 首 / 双］

問3　次の文の下線部に対する目的語を、**問2** の解答の語句から1つずつ選び、それぞれの文を完成させましょう。

(1) 妈妈<u>给</u>我。 ＿＿＿＿＿＿＿＿

(2) 我<u>问</u>老师。 ＿＿＿＿＿＿＿＿

(3) 中国朋友<u>教</u>我。 ＿＿＿＿＿＿＿＿

(4) 弟弟<u>告诉</u>我。 ＿＿＿＿＿＿＿＿

問4　日本語を参考にして、（　　）に入る時間詞を下の［　　］の中から1つずつ選び、文を完成させましょう。

(1) 我每天看（　　　　）电视。　私は毎日1時間半テレビを見ます。

(2) 我每天去（　　　）超市。　私は毎日1回、スーパーに行きます。

(3) 我（　　　）学汉语。　私は2時に中国語を勉強します。

(4) 我（　　　）不去公司。　私は日曜日には会社に行きません。

［一次 / 两点 / 一个半小时 / 星期日］

問5　日本語を参考にして、（　　）に入る動詞を［　　］の中から1つずつ選び、文を完成させましょう。

(1) 我（　　）朋友一个问题。　私は友だちに１つ質問します。

(2) 我（　　）他这件事。　私はこのことを彼に教えます。

(3) 我（　　）他一盒巧克力。　私は彼にチョコレートを１箱贈ります。

(4) 我（　　）他一首歌。　私は彼に１曲の歌を教えます。

(5) 我（　　）他一本书。　私は彼に本を１冊与えます。

［教／告诉／给／送／问］

解答

問1 （1）我吃（一次）火锅。　私は火鍋を１回食べます。

（2）我看（一遍）这个电影。　私はこの映画を１回（ひと通り）見ます。

（3）你听（一下）这个 CD。　あなたはこの CD を１回聴いてください。

問2

一（ 个 ）问题	一（ 双 ）鞋	一（ 件 ）事	一（ 首 ）歌
訳：１つの問題	訳：１足の靴	訳：１つの事	訳：１つの歌

問3 （1）妈妈给我一双鞋。　（2）我问老师一个问题。

（3）中国朋友教我一首歌。　（4）弟弟告诉我一件事。

問4 （1）我每天看（一个半小时）电视。　（2）我每天去（一次）超市。

（3）我（两点）学汉语。　（4）我（星期日）不去公司。

問5 （1）我（ 问 ）朋友一个问题。　（2）我（ 告诉 ）他这件事。

（3）我（ 送 ）他一盒巧克力。　（4）我（ 教 ）他一首歌。

（5）我（ 给 ）他一本书。

情人节（恋人の日）

２月14日、5月20日、7月7日が近年中国では、**情人节**（qíng rén jié）「恋人の日」と呼ばれています。これらの**情人节**「恋人の日」になると、必ず男性が女性にプレゼントをする決まりになっています。日本では、バレンタインデーに女性が男性にチョコレートを渡し、ホワイトデーになると男性がそのお返しをするというような習わしがありますが、中国ではなぜかいつも、男性から女性へ、となっています。「じゃ、女性はいつお返しをするんですか？」と中国の友人に尋ねたことがありますが、答えは**为什么？**（Wèi shén me）「なぜ？」でした。女性はもらって当然というわけでしょうか。

第19課 私は友だちと中国に行きます。

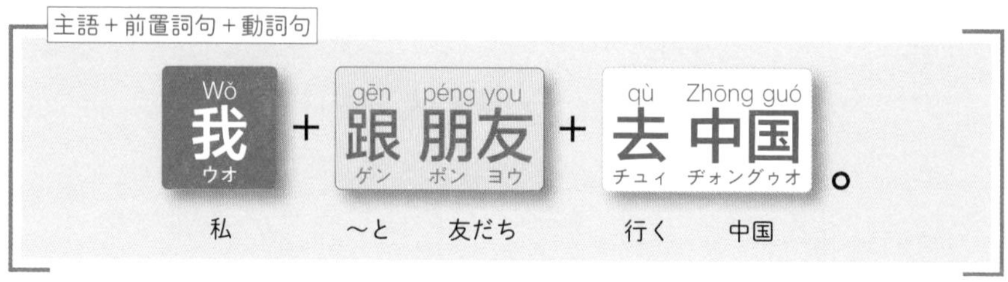

ここからは、もう少し長い文を勉強しましょう。動詞以外にもさまざまな成分が出てきます。たとえば、動詞は「食べる」「行く」のような単語を指しますが、「リンゴを食べる」「会社に行く」は「動詞句」と呼ばれ、「句」とは単語が集まった長めのフレーズを指します。

前置詞句

この課では「前置詞」が入った文を学びます。前置詞は、「〜と」「〜に」「〜から」のような語で、中国語ではこれらが名詞の前に来るので〔前置詞＋名詞〕の形になります（これを前置詞句と呼びます）。

Wǒ gēn tóng shì yì qǐ chī fàn
我 跟 同事 一起 吃饭。
ウオ ゲン トォンシー イィチィ チーファン
私は同僚と一緒に食事をします。

Nǐ gēn shé yì qǐ dǎ wǎng qiú
你 跟 谁 一起 打 网球？
ニィ ゲン ショァ イィチィ ダァ ワァンチウ
あなたは誰と一緒にテニスをしますか？

Wǒ gēn Xiǎo Wáng yì qǐ dǎ wǎng qiú
－我 跟 小王 一起 打 网球。
ウオ ゲン シャオワァン イィチィ ダァ ワァンチウ
私は王くんと一緒にテニスをします。

このほか、[跟（gēn）＋人] を用いるフレーズを少しあげておきましょう。

gēn jiàn miàn 跟（人）见面 ゲン ジエンミエン	（人）と会う	gēn shāng liang 跟（人）商量 ゲン シャアンリアン	（人）と相談する
gēn jié hūn 跟（人）结婚 ゲン ジエホゥン	（人）と結婚する		

见面（jiàn miàn）「会う」、商量（shāng liang）「相談する」、结婚（jié hūn）「結婚する」は［動詞＋目的語］の構造をもつVO動詞 （→ p.65）です。そのため、相手を目的語にとることができないので「见面他」「商量老师」「结婚她」のように使うことはできません。

「（人）に～します」「（人）のために～してあげます」

次は、「（人）に～します」の表現です。

こちらは、前置詞の给（gěi）を使って、[给（gěi）＋人＋動詞句] となります。動詞の给（gěi）とは異なるのでご注意を。（→ p.86）

Wǒ gěi péng you dǎ diàn huà
我 给 朋友 打 电话。 私は友だちに電話をします。
ウオ ゲイ ポン ヨウ ダァ ディエン ホア

[给（gěi）＋人＋動詞句] で、「（人）のために～してあげる」という意味にもなります。

Tóng shì gěi wǒ jiè shào Zhōng guó cài
同事 给 我 介绍 中国菜。
トォン シー ゲイ ウオ ジエ シャオ ヂォングゥオツァイ
同僚は私に中国料理を紹介してくれます。

Mā ma gěi ér zi mǎi diàn nǎo
妈妈 给 儿子 买电脑。
マァ マァ ゲイ アル ツー マイ ディエン ナオ
お母さんは息子にパソコンを買ってあげます。

次の例はどうでしょうか。

Wǒ gěi tā kàn Shàng hǎi de zhào piàn
我 给 他 看 上 海 的 照 片。
ウオ ゲイ タァ カン シャアン ハイ ドァ ヂャオピエン
私は彼に上海の写真を見せてあげます。

［给（gěi）＋人＋看（kàn)］で、「(人）に見せる」という意味です。中国語は看（kàn)「見る」はありますが、「見せる」という動詞はありません。そこで、［给（人）看］で「見せる」ことを表すのです。

いかがですか？　じつは、［跟（gēn）＋人＋動詞句］に比べると、［给（gěi）＋人＋動詞句］の文のほうが少し複雑です。日本語の「(人）に〜します」と必ずしも対応するわけではないので、使いこなすことが難しいのです。そこで、［给（gěi）＋人］を必要とする動詞句をあらかじめ覚えておくことが大事です。初級でよく出会う例をここにまとめてみましょう。

❶ (人) に〜する	gěi dǎ diàn huà 给（人）打电话 ゲイ ダァディエンホア (人) に電話する	gěi fā yóu jiàn 给（人）发邮件 ゲイ ファアヨウジエン (人) にメールを送る
	gěi jiè shào 给（人）介绍 ゲイ ジエシャオ (人) に紹介する	
❷ (人) のために〜してあげる	gěi mǎi lǐ wù 给（人）买礼物 ゲイ マイリィウゥ (人) にプレゼントを買ってあげる	gěi zuò fàn 给（人）做饭 ゲイ ヅゥオファン (人) にご飯をつくってあげる
	gěi guò shēng rì 给（人）过生日 ゲイ グゥオションリー (人) に誕生日を祝ってあげる	
❸ (人) に見せる、聞かせる	gěi kàn 给（人）看 ゲイ カン (人) に見せる gěi tīng 给（人）听 ゲイ ティン (人) に聞かせる	

❶は、相手の存在が必要な行為、❷は、人のために何かをしてあげるという奉仕の行為、❸は、「〜させる」という使役の意味を少し含んでいます。

否定文と疑問文

最後は「(人) とは〜しません」や「(人) には〜しません」というちょっと残念な場合の言い方も見ておきましょう。[不 (bù) +跟 (gēn) + (人) +動詞句] または [不 (bù) +给 (gěi) +人+動詞句] となります。

Wǒ bù gēn tā dǎ wǎng qiú
我 不 跟 他 打网球。
ウオ ブゥ ゲン タァ ダァ ワァン チウ
私は彼とテニスをしません。

Mā ma bù gěi ér zi mǎi shǒu jī
妈妈 不 给 儿子 买手机。
マァ マァ ブゥ ゲイ アル ツー マイ ショウ ジィ
お母さんは息子に携帯を買ってあげません。

最後に、質問形も見ておきましょう。語尾に吗 (ma) をつける形ですね。

Nǐ gěi péng you dǎ diàn huà ma
你 给 朋友 打电话 吗?
ニィ ゲイ ポン ヨウ ダァ ディエン ホア マァ
あなたは友だちに電話をしますか?

前置詞	gēn 跟 〜と	gěi 给 〜に	
動詞	jiàn miàn 见面 会う	shāng liang 商量 相談する	jiè shào 介绍 紹介する
	jié hūn 结婚 結婚する	dǎ wǎng qiú 打网球 テニスする	fā 发 送る
名詞	tóng shì 同事 同僚	zhào piàn 照片 写真	yóu jiàn 邮件 eメール
	zuò fàn 做饭 ご飯をつくる	guò shēng rì 过生日 誕生日を迎える、誕生日を祝う	
その他	yì qǐ 一起 一緒 (に)	ér zi 儿子 息子	

第20課 私は家で仕事します。

「（場所）で～する」や「（時間）に～する」と言いたい場合、中国語は日本語と同じ語順を使います。まず、［在（場所）＋動詞句］の形を見てみましょう。

Wǒ zài Dōng jīng shēng huó
我 在 东京 生活。 私は東京で生活しています。
ウオ ヅァイ ドォンジィン ションホゥオ

Nǐ zài nǎr chī wǔ fàn
你 在 哪儿 吃 午饭？ あなたはどこで昼ご飯を食べますか？
ニィ ヅァイ ナァ アル チー ウゥ ファン

Wǒ zài gōng sī chī wǔ fàn
－我 在 公司 吃 午饭。 私は会社で昼ご飯を食べます。
ウオ ヅァイ ゴォン スー チー ウゥ ファン

ついでに、「（場所）から～します」の表現もおさえておきましょう。前置詞从（cóng）「～から」を使って表します。

Wǒ cóng Běi jīng chū fā
我 从 北京 出发。 私は北京から出発します。
ウオ ツォン ベイ ジィン チュウファア

Nǐ cóng nǎr lái
你 从 哪儿 来？ あなたはどこから来ますか（来ましたか）？
ニィ ツォン ナァ アル ライ

次は、［時間詞＋動詞句］の文です。この場合、前置詞は不要で、時間詞と動詞句を並べるだけでOKです。（→p.81）

Wǒ zǎo shang liù diǎn pǎo bù
我 早上6点 跑步。 私は朝6時にジョギングします。
ウオ ヅァオシャアンリウディエン パオ ブゥ

〈動詞の前に置く時間詞〉

zǎo shang 早上 朝	shàng wǔ 上午 午前	zhōng wǔ 中午 お昼	xià wǔ 下午 午後	wǎn shang 晚上 夜
qián tiān 前天 おととい	zuó tiān 昨天 昨日	jīn tiān 今天 今日	míng tiān 明天 明日	hòu tiān 后天 あさって

shàng ge xīng qī 上个星期 先週	zhèi ge xīng qī 这个星期 今週	xià ge xīng qī 下个星期 来週
shàng ge yuè 上个月 先月	zhèi ge yuè 这个月 今月	xià ge yuè 下个月 来月
qù nián 去年 去年	jīn nián 今年 今年	míng nián 明年 来年

疑問文

什么时候（shén me shí hou）「いつ」、几点（jǐ diǎn）「何時」を動詞句の前に置きます。

Nǐ shén me shí hou huí Zhōng guó
你 什么时候 回 中国? あなたはいつ中国に帰りますか？
ニィ シェン マ シー ホウ ホゥイヂォングゥオ

Nǐ jǐ diǎn qǐ chuáng
你 几点 起床? あなたは何時に起きますか？
ニィ ジィ ディエン チィ チュアン

「(時間) から」と言うときは、[从（cóng）＋時間＋开始（kāi shǐ）] の形にします。开始（kāi shǐ）は「始まる、スタートする」という意味です。

Nǐ cóng jǐ diǎn kāi shǐ xiū xi
你 从 几点 开始 休息? あなたは何時から休みますか？
ニィ ツォン ジィ ディエン カイ シー シウ シィ

单词

動詞	chū fā 出发 出発する	huí 回 帰る	qǐ chuáng 起床 起きる
	kāi shǐ 开始 始まる、スタートする		
前置詞	cóng 从 ～から		
その他	shén me shí hou 什么时候 いつ		

第2章 文型から学ぶ中国語

第19～20課　練習問題

問1　中国語の質問に対し、[　　] の中の語をヒントに答えてみましょう。

(1) 你跟谁一起看电影？ ________________

(2) 你跟谁一起吃饭？ ________________

(3) 你跟谁一起打网球？ ________________

[朋友 / 同事 / 家里人*]　*家里人（jiā li rén）「家族」

練習　音声を聴いて、発音される質問をリピートしてみましょう。

問2　中国語の質問に対し、[　　] の中の語をヒントに答えてみましょう。

(1) 你给谁打电话？ ________________

(2) 你给谁过生日？ ________________

(3) 你给谁买礼物？ ________________

[朋友 / 同事 / 家里人]

練習　音声を聴いて、発音される質問をリピートしてみましょう。

問3　中国語の質問に対し、[　　] の中の語をヒントに答えてみましょう。

(1) 你在哪儿吃午饭？ ________________

(2) 你在哪儿工作？ ________________

(3) 你在哪儿学汉语？ ________________

[公司 / 学校 / 家]

練習　音声を聴いて発音される質問をリピートしてみましょう。

問 4 中国語の質問に対し、[　　] の中の語をヒントに答えてみましょう。

(1) 你几点起床？ ＿＿＿＿＿＿＿＿＿＿＿＿＿＿＿＿

(2) 你几点开始工作？ ＿＿＿＿＿＿＿＿＿＿＿＿＿＿＿＿

(3) 你几点睡觉？ ＿＿＿＿＿＿＿＿＿＿＿＿＿＿＿＿

[晚上１点　九点　六点半]

練習 音声を聴いて、発音される質問をリピートしてみましょう。

解答

問 1 [解答例] (1) 我跟家里人一起看电影。 (私は家族と一緒に映画を見ます。)
(2) 我跟同事一起吃饭。 (私は同僚と一緒にご飯を食べます。)
(3) 我跟朋友一起打网球。 (私は友だちと一緒にテニスをします。)

問 2 [解答例] (1) 我给同事打电话。 (私は家族に電話します。)
(2) 我给家里人过生日。 (私は家族の誕生日をお祝いします。)
(3) 我给朋友买礼物。 (私は友だちのおみやげを買います。)

問 3 [解答例] (1) 我在公司吃午饭。 (私は会社で昼食を食べます。)
(2) 我在学校工作。 (私は学校で働いています。)
(3) 我在家学汉语。 (私は家で中国語を勉強します。)

問 4 [解答例] (1) 我６点半起床。 (私は６時半に起きます。)
(2) 我９点开始工作。 (私は９時に仕事を始めます。)
(3) 我晚上１点睡觉。 (私は１時に寝ます。)

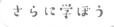

中国語は意外と日本語に近い？

時間や場所を表す前置詞を動詞の前に置くことについて勉強しました。「(時間) に〜する」「(場所) で〜する」と言う場合、よく次のような作文を見かけます。みなさん、手直ししてみてください。

我 去 公司 星期日。 → ＿＿＿＿＿＿＿＿＿＿＿＿＿＿＿。

我 起床 早上６点。 → ＿＿＿＿＿＿＿＿＿＿＿＿＿＿＿。

我 吃 午饭 在 食堂。 → ＿＿＿＿＿＿＿＿＿＿＿＿＿＿＿。

どこが間違いかわかりましたか？

では、次の中国語と日本語の表現を比較してみましょう。副詞の「〜も」や「すべて」も動詞の前に来るので、語順が近いことに気づけますね。也 (yě) は「〜も」、都 (dōu) は「すべて、みんな」という意味の単語です。

Wǒ yě qù Zhōng guó
我 也 去 中国。 私も中国に行きます。
ウオ イエ チュィ ヂォングゥオ
私 〜も 行く 中国

Wǒ men dōu qù Zhōng guó
我们 都 去 中国。 私たちはみんな中国に行きます。
ウオメン ドウ チュィ ヂォングゥオ

時間詞と「〜も」の両方が入った次のような文も、中国語と日本語で語順が対応しています。

Wǒ míng nián yě qù Zhōng guó
我 明年 也 去 中国。 私は来年も中国に行きます。
ウオ ミィンニエン イエ チュィ ヂォングゥオ

日本語では、「何でも食べます」「どこでも行きます」といった「気前のいい」表現があります (何でもやります！ 的な)。このような表現も、そのままの語順で中国語になります。

Wǒ shén me dōu chī
我 什么都 吃。 私は何でも食べます。
ウオ シェン マ ドウ チー
私 何 すべて 食べる

Wǒ nǎr dōu qù
我 哪儿都 去。 私はどこでも行きます。
ウオ ナァ アル ドウ チュィ
私 どこ すべて 行く

什么都（shén me dōu）は「何でも」、**哪儿都**（nǎr dōu）は「どこでも」という意味です。つまり、日本語の［疑問詞＋～でも］はそのまま、［疑問詞＋**都**（dōu）］となるのです。表現が似ているだけでなく、単語が動詞の前に入ることも共通していますね。

しかし、日本語の語順と似ているところがあるからといって、油断するのは危険です。日本語と語順が合わないケースの例文も見てみましょう。

Wǒ yě chī chǎo fàn
我 也 吃 炒饭
ウオ イエ チー チャオファン
私 も 食べる チャーハン

① 私もチャーハンを食べます。
② 私はチャーハンも食べます。

この例文は２通りに訳せますが、注意が必要なのは、②の和訳のほうです。「チャーハンも食べる」という場合、日本語と同じように考えて、**我也**炒饭吃としてはいけません。中国語は、目的語が動詞の後ろに来るので、こちらも**我也**吃炒饭としなければいけないのです。

次の文「（家だけでなく）会社の食堂でもチャーハンを食べる」と言う場合も、日本語と少し語順が異なります。

Wǒ yě zài gōng sī de shí táng chī chǎo fàn
我 也 在 公司 的 食堂 吃 炒饭
ウオ イエ ヅァイ ゴォンスー ドァ シータァン チー チャオファン
私は会社の食堂でもチャーハンを食べます。

日本語と違って、中国語は［主語＋也＋在（場所）＋動詞句］となり、主語のすぐ後に也「～も」が来ています。

似ているようで似ていない、中国語は油断がならないのです！

p98の正しい文は
我 星期日 去 公司 。
我 早上 6 点 起床。
我 在 食堂 吃 午饭 。
となります。

第21課 私は買い物に行きます。

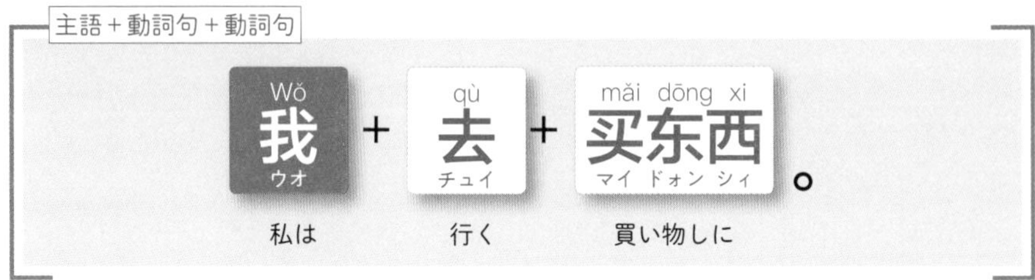

ここからは、動詞が入ったフレーズ（動詞句）が２つ続くさまざまな文を見ていきましょう。［去（qù）＋動詞句］で、「～しに行く」ことを表します。日本語の語順と違って、目的（「～しに」）は後ろに来ます。

Wǒ qù liú xué
我 去 留学。
ウオ チュイ リウ シュエ
私は留学に行きます。

Wǒ qù Zhōng guó liú xué
我 去 中国 留学。
ウオ チュイ ヂォングゥオ リウ シュエ
私は中国に留学に行きます。

Wǒ qù bǎi huò shāng diàn mǎi dōng xi
我 去 百货商店 买东西。
ウオ チュイ バイ ホゥオシャアンディエン マイ ドォン シィ
私は百貨店に買い物に行きます。

［去（qù）＋場所＋動詞句］で、「（場所）に（目的）をしに行く」ことを表し、行き先と目的をいっぺんに相手に伝える文になります。

疑問文

聞きたい部分を疑問詞にする、これまで通りのつくり方で大丈夫です。干什么（gàn shén me）は目的となる行為の種類を尋ねる疑問詞です。

Nǐ qù nǎr liú xué
你 去 哪儿 留学？
ニィ チュイ ナァ アル リウ シュエ
あなたはどこに留学に行きますか？

Nǐ qù Zhōng guó gàn shén me
你 去 中国 干什么？
ニィ チュイ ヂォングゥオ ガン シェン マ
あなたは中国へ何をしに行きますか？

手段や目的を表す

次は別のタイプも見てみましょう。行き先はわかっていて、移動の手段や目的などを表す文です。

Wǒ zuò diàn chē qù xué xiào
我 坐 电车 去 学校。 私は電車で学校に行きます。
ウオ ヅゥオ ディエンチョァ チュィ シュエシャオ

直訳すると、「私は 電車に乗る 学校に行く」ですが、「電車で学校に行く」という意味になります。

Tā qí zì xíng chē qù gōng sī
她 骑 自行车 去 公司。 彼女自転車で会社に行きます。
タァ チィ ヅー シィンチョァ チュィ ゴォン スー

Nǐ zěn me qù xué xiào
你 怎么 去 学校? あなたはどうやって学校に行きますか？
ニィ ヅェン マ チュィ シュエシャオ

ここまで見てきた［動詞句＋動詞句］の文は「連動文」と呼ばれています。前の動詞句が「手段」、後ろの動詞句が「目的」を表しています。

Wǒ tīng guǎng bō xué Hàn yǔ
我 听广播 学汉语。 私はラジオを聴いて中国語を学びます。
ウオ ティングアン ボォ シュエ ハン ユィ
私 ラジオを聴く 中国語を学ぶ

Wǒ fā yóu jiàn gào su tā
我 发邮件 告诉她 私はメールで彼女に伝えます。
ウオ ファア ヨウ ジエン ガオ スゥ タァ
私 メールを送る 彼女に伝える

動詞	zuò 坐 座る、乗る	qí 骑 （自転車などに）またがって乗る
名詞	liú xué 留学 留学	bǎi huò shāng diàn 百货商店 百貨店
	diàn chē 电车 電車	guǎng bō 广播 ラジオ
	zì xíng chē 自行车 自転車	
疑問詞	gàn shén me 干什么 何を～？	zěn me 怎么 どのように

第22課 私は歩いて学校に行きます。

この課では「歩いて～に行く」または「走って～に行く」という表現を学びましょう。

前の課と同じようにつくれそうだと感じるかもしれませんが、「歩いて、または走って（～に行く）」というのは、移動の「手段」ではなく「様態」です。つまり「歩いた状態、または走った状態」で移動するととらえられるので、中国語は「～した状態、～したまま」という意味の助詞、着（zhe）を、動詞の走（zǒu）や跑（pǎo）の後ろにつけます。

ちなみに、走（zǒu）が「歩く」、跑（pǎo）が「走る」です（日本人にとっては少しややこしいですね）。

Wǒ pǎo zhe qù gōng sī
我跑着去公司。 私は走って会社に行きます。
ウオ パオ ヂョア チュイ ゴォンスー

［動詞＋着（zhe）］

［動詞＋着（zhe）］の形で「～した状態」を表すことができます。站（zhàn）は「立つ」、站着（zhàn zhe）で「立ったまま」を表します。躺（tǎng）は「横になる」こと、躺着（tǎng zhe）で「寝ながら（横になりながら）」という意味です。

Wǒ zhàn zhe kàn shū
我站着看书。 私は立って本を読みます。
ウオ ヂャンヂョア カン シュウ

Tā tǎng zhe kàn shǒu jī
他躺着看手机。 彼は横になって携帯を見ます。
タア タァンヂョア カン ショウジィ

さまざまな「～で～する」

［動詞句＋動詞句］の連動文のさまざまなタイプをもう一度おさらいしておきましょう。

❶「行き先＋目的」：去北京留学　留学をしに北京に行く

❷「交通手段＋行き先」：坐电车去公司　電車で会社へ行く

「移動状態＋行き先」：走着去学校　歩いて学校に行く

❸「手段＋動作」：发邮件告诉他　メールで彼に知らせる

❹「場所＋動作」：在超市买　スーパーで買う

ここで、③のタイプについて少し補足しておきましょう。この「手段＋動作」からなる連動文は中国語にはたくさんあり、日本語に訳すと多くは「～で…する」となります。

yòng Hàn yǔ shuō **用汉语 说** ヨン ハン ユィ シュオ	中国語で話す
yòng xiàn jīn zhī fù **用现金 支付** ヨン シエン ジン ヂー フゥ	現金で支払う
dǎ diàn huà gào su tā **打电话 告诉他** ダァ ディエン ホア ガオ スゥ タァ	電話で彼に知らせる
kàn diàn yǐng xué Hàn yǔ **看电影 学汉语** カン ディエンイィン シュエ ハン ユィ	映画で中国語を学ぶ

単词

動詞	zǒu 走　歩く	pǎo 跑　走る	tǎng 躺　横になる
助詞	zhe 着　～した状態、～したまま		

第 21 ～ 22 課　練習問題

問 1　「乗る」という語は中国語では乗り物の種類によって、**坐** か **骑** となります。[　] 内のフレーズをヒントに、(　　) の中に**坐** または **骑** を書き入れましょう。

［**坐电车**：電車に乗る / **骑自行车**：自転車に乗る］

(1) (　　) 巴士 (bā shì)　バス　　(2) (　　) 地铁 (dì tiě)　地下鉄

(3) (　　) 摩托车 (mó tuō chē)　バイク

問 2　次の質問に中国語で答えましょう。

(1) 你怎么去公司？ ＿＿＿＿＿＿＿＿＿＿

(2) 你怎么去图书馆？ ＿＿＿＿＿＿＿＿＿＿

(3) 你怎么去超市？ ＿＿＿＿＿＿＿＿＿＿

練習　音声を聴き、リピートして中国語で答えてみましょう。

問 3　次の質問に中国語で答えましょう。

(1) 你走着去超市吗？ ＿＿＿＿＿＿＿＿＿＿

(2) 你跑着去公园吗？ ＿＿＿＿＿＿＿＿＿＿

(3) 你躺着看书吗？ ＿＿＿＿＿＿＿＿＿＿

(4) 你站着看电视吗？ ＿＿＿＿＿＿＿＿＿＿

練習　音声を聴き、リピ--トして中国語で答えてみましょう。

問4 次の質問に中国語で答えましょう。

(1) 你去哪儿买东西？ ＿＿＿＿＿＿＿＿＿＿

(2) 你去哪儿工作？ ＿＿＿＿＿＿＿＿＿＿

(3) 你去哪儿留学？ ＿＿＿＿＿＿＿＿＿＿

(4) 你去哪儿散步？ ＿＿＿＿＿＿＿＿＿＿

練習 音声を聴き、リピートして中国語で答えてみましょう。

問5 次は意味が異なる2つの文です。意味の違いに注意しつつ、和訳してみましょう。

(1) 我去公园跑步。 ＿＿＿＿＿＿＿＿＿＿

(2) 我跑着去公园。 ＿＿＿＿＿＿＿＿＿＿

解答

問1 （1）坐　（2）坐　（3）骑

＊電車などの乗り物に乗るときは坐（zuò）、自転車などに跨（またが）って乗るときは骑（qí）です。

問2 ［解答例］

（1）我坐地铁去公司。　（2）我坐巴士去图书馆。

（3）我走着去超市。

問3 ［解答例］

（1）我走着去超市。　（2）我不跑着去公园。

（3）我躺着看书。　（4）我不站着看电视。

＊「はい」のときは、質問をもう一度くり返し、「いいえ」のときは、否定詞の不（bù）を［動詞＋着］の前に置きます。

例：**我不跑着去公园。**「私は走って公園に行くわけではない」ことを表します。

問4 ［解答例］

（1）我去超市买东西。　（2）我去东京工作。

（3）我去中国留学。　（4）我去公园散步。

問5 （1）私は公園へジョギングに行きます。

（2）私は走って公園へ行きます。

第23課 私は中国語を学びたい。

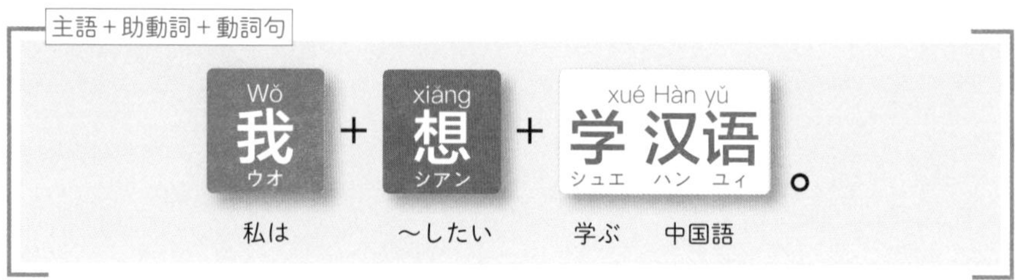

［想（xiǎng）＋動詞句＋動詞句］の形で「～したい」を表します。助動詞の想（xiǎng）の位置を覚えてください。長い文章になっても助動詞の想（xiǎng）は動詞句の前に来ます。

Wǒ xiǎng qù Zhōng guó xué Hàn yǔ
我 想 去 中国 学 汉语。 私は中国に行って中国語を学びたいです。
ウオ シアン チュィ ヂォングゥオ シュエ ハンユィ

Wǒ xiǎng gēn péng you yì qǐ xué Hàn yǔ
我 想 跟 朋友 一起 学 汉语。
ウオ シアン ゲン ポン ヨウ イィ チィ シュエ ハンユィ
私は友だちと一緒に中国語を学びたいです。

Wǒ xiǎng gēn péng you yì qǐ qù Zhōng guó xué Hàn yǔ
我 想 跟 朋友 一起 去 中国 学 汉语。
ウオ シアン ゲン ポン ヨウ イィ チィ チュィ ヂォングゥオ シュエ ハンユィ
私は友だちと一緒に中国へ中国語を学びに行きたいです。

喜欢（xǐ huān）「～が好き」も、想（xiǎng）と同じ場所に置きます。

Wǒ xǐ huān xué Hàn yǔ
我 喜欢 学 汉语。 私は中国語を学ぶのが好きです。
ウオ シィホワン シュエ ハンユィ

Wǒ xǐ huān tīng guǎng bō xué Hàn yǔ
我 喜欢 听广播 学 汉语。
ウオ シィホワン ティングアンボォ シュエ ハンユィ
私はラジオを聴いて中国語を学ぶのが好きです。

Wǒ xǐ huān gēn péng you yì qǐ xué Hàn yǔ
我 喜欢 跟 朋友 一起 学 汉语。
ウオ シィホワン ゲン ポン ヨウ イィ チィ シュエ ハンユィ
私は友だちと一緒に中国語を学ぶのが好きです。

否定文と疑問文

否定を表すときは不（bù）を助動詞の前に入れます。

Wǒ bù xiǎng xué Hàn yǔ
我 不想 学 汉语。 私は中国語を学びたくないです。
ウオ ブゥシアン シュエ ハンユィ

Wǒ bù xiǎng gēn péng you yì qǐ xué Hàn yǔ
我 不想 跟 朋友 一起 学 汉语。
ウオ ブゥシアン ゲン ポンヨウ イィチィ シュエ ハンユィ
私は友だちと一緒に中国語を学びたくないです。

Wǒ bù xǐ huān xué Hàn yǔ
我 不喜欢 学 汉语。
ウオ ブゥシィホワン シュエ ハンユィ
私は中国語を学ぶのが好きではありません。

Wǒ bù xǐ huān gēn péng you yì qǐ xué Hàn yǔ
我 不喜欢 跟 朋友 一起 学 汉语。
ウオ ブゥシィホワン ゲン ポンヨウ イィチィ シュエ ハンユィ
私は友だちと一緒に中国語を学ぶのが好きではありません。

疑問文で、最後に吗（ma）をつけるのはいつもと同じですね。質問に答えてみてください。

Nǐ xiǎng xué Hàn yǔ ma
你 想 学 汉语 吗？ あなたは中国語を学びたいですか？
ニィ シアン シュエ ハンユィ マァ

Nǐ xǐ huān xué Hàn yǔ ma
你 喜欢 学 汉语 吗？ あなたは中国語を学ぶのが好きですか？
ニィ シィホワン シュエ ハンユィ マァ

单词

助動詞	xiǎng 想 ～したい	xǐ huān 喜欢 ～が好き

第2章 文型から学ぶ中国語

第24課 私は運転できます。

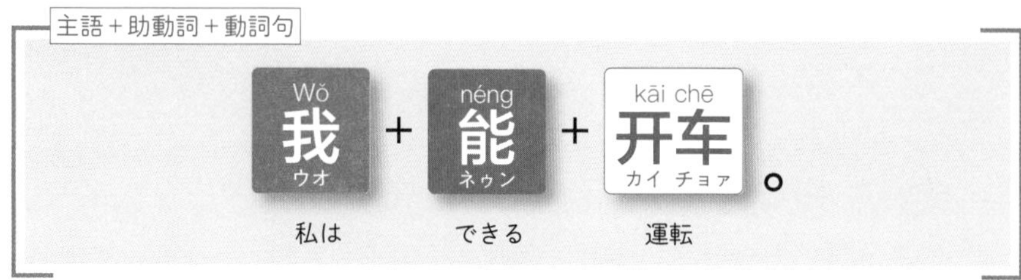

ここからは、「可能」を表す助動詞軍団を取り上げましょう。“軍団”を成すほどたくさんありますが、とりあえずは能（néng）、会（huì）、可以（kě yǐ）の３つを覚えてください。まず、能（néng）から見てみましょう。

上の囲み内の例文、我能开车「条件的に、今、運転できる状態にある」ことを表しています。次のような文もよく見かけます。

Wǒ néng kāi chē qù
我 能 开车 去。 私は車で行く（運転して行く）ことが可能です。
ウオ ネゥン カイ チョア チュィ

「开车 去」→「運転して行く」→「車で行く」となります。おなじみの連動文（［動詞句＋動詞句］）ですね。能（néng）がその前に置かれて、能〔开车　去〕→「車で行ける」となります。

否定形の不能（bù néng）を使うと「技能はあるが（飲酒や体調不良などで）今は運転できない状態」という意味で伝わります。

Wǒ bù néng kāi chē
我 不能 开车。 私は運転ができません。
ウオ ブゥ ネゥン カイ チョア

néng
能　～できる

第25課 私は中国語を話せます。

主語＋助動詞＋動詞句

次は、会（huì）です。「可能」というより「マスターしている、習得している」に近いニュアンスなので、「会得」の会と覚えてみてください。

Wǒ huì kāi chē
我 会 开车。　私は運転ができます。
ウオ ホゥイ カイ チョァ

会（huì）は、前の課の我能开车と違って「マスターする」という意味なので、後にくるのはスポーツや語学のフレーズが多いです。

Wǒ huì yóu yǒng
我 会 游泳。　私は水泳ができます。
ウオ ホゥイ ヨウ ヨン

「泳げる（水泳ができる）」ことと、「３キロ泳げる」ことは中国語では異なる概念であり、助動詞を使い分けます。水泳をマスターしている場合は会（huì）ですが、実際にどのくらい泳げるのかを言う場合は能（néng）を使うのです。なぜでしょうか？　中国人ながら不思議に思ってしまいます。

Wǒ néng yóu sān qiān mǐ
我 能 游 三千米。　私は３キロ泳げます。
ウオ ネゥン ヨウ サンチエンミィ

否定は、不会（bú huì）となります。

Wǒ bú huì dǎ wǎng qiú
我 不会 打网球。　私はテニスができません。
ウオ ブゥホゥイ ダァワァンチウ

助動詞　huì
会　習得している

第26課 ここは喫煙ができます。

次は３つめの助動詞、可以（kě yǐ）です。可以（kě yǐ）は「～してもよい」という許可の意味を表します。［場所＋可以（kě yǐ）＋動詞句］の文は、「（場所）では、～してもよい」ことを表します。否定の「～してはいけない（禁止）」は、不可以（bù kě yǐ）となります。

Zhèr bù kě yǐ shuō huà
这儿 不可以 说话。　ここでしゃべってはいけません。
チョァ アル　ブゥ クァ イィ　シュオ ホア

「～してもいいでしょうか？」と許可を求めるときは、［主語＋可以（kě yǐ）＋動詞句＋吗（ma）？］の形にします。我 可以 ～吗？はよく使われる定型文で、可以（kě yǐ）の代わりに、能（néng）が入ることもあります。

Wǒ kě yǐ yòng xiàn jīn zhī fù ma
我 可以 用 现金 支付 吗？　現金で支払ってもいいですか？
ウオ　クァ イィ　ヨン　シエンジン　チーフゥ　マァ

Wǒ néng shuā kǎ ma
我 能 刷卡 吗？　カードで支払えますか？
ウオ　ネゥン　シュワカァ　マァ

助動詞	kě yǐ 可以　～してもよい	
動詞句	xī yān 吸烟　タバコを吸う	shuō huà 说话　おしゃべりをする
	shuā kǎ 刷卡　クレジットカードで支払う	zhī fù 支付　支払う
名詞	xiàn jīn 现金　現金	

「シープー シーファン パーシャン？」

高校生のときコンビニでアルバイトをしていたのですが、そのとき中国人の先輩と仲良くなり、「ニー シープー シーファン パーシャン」というフレーズを教わりました。どういう意味ですか？ なんか、恥ずかしいこと言っていませんよね。

いいえ、まったくです。「あなたは、登山が好きですか？」という意味です。

え、何それ？（笑） シーファンはわかりました。喜欢（xǐ huān）「好き」ですね。シープーは、何ですか？ どんな字を書くのですか？

なるほど、単語だと思われたのですね。単語ではないです。こうです。

Nǐ xǐ bù xǐ huān pá shān
你 喜 不 喜 欢 爬山？
ニー シー プー シー ファン パーシャン

待ってください。シープーは、喜欢の喜と不ですね。これって［動詞＋不＋動詞］の反復疑問文ですよね？ だとしたら、喜欢 不 喜欢と思うのですが、先生が書いた文は喜 不 喜欢だから、欢が１個欠けてます。なぜですか？

鋭い質問！ 反復疑問文は、是不是～？ 去不去～？ のように、［動詞＋不＋動詞］の形でしたね。でも、これは１文字の場合なのです。２文字の動詞の場合は、［動詞＋不＋動詞］をつくるとき、最初の動詞が１文字（最初の字）になり、２文字目が省かれてしまうのです。言葉で説明するとややこしいのですが、こうです。

喜欢 → 喜欢 不 喜欢 → 喜 不 喜欢 「好きですか？」

２文字の動詞って、割と多いのでしょうか？

それなりにあります。たとえば「知っている」という意味の知道（zhī dào）や、「～してもよい」の可以（kě yǐ）です。

知道 → 知道 不 知道 → 知 不 知道 「知っていますか？」
可以 → 可以 不 可以 → 可 不 可以 「できますか？」

先生、重要なことに気づいちゃいました！ 喜欢や可以って、助動詞ですよね。動詞じゃないのに、反復できるのですか？

これはまた鋭い！ そうなんですよ。［助動詞＋動詞］の文では、助動詞の部分を反復するのです。

第23～26課　練習問題

問1　次の質問に中国語で答えましょう。

(1) 你喜欢吃什么？　＿＿＿＿＿＿＿＿＿＿

(2) 你喜欢去哪儿？　＿＿＿＿＿＿＿＿＿＿

(3) 你喜欢干什么？　＿＿＿＿＿＿＿＿＿＿

(4) 你喜欢谁？　＿＿＿＿＿＿＿＿＿＿

練習　音声を聴き、リピートして中国語で答えてみましょう。

問2　次の質問に中国語で答えましょう。

(1) 你想吃什么？　＿＿＿＿＿＿＿＿＿＿

(2) 你想去哪儿？　＿＿＿＿＿＿＿＿＿＿

(3) 你想干什么？　＿＿＿＿＿＿＿＿＿＿

(4) 你想买什么？　＿＿＿＿＿＿＿＿＿＿

練習　音声を聴き、リピートして中国語で答えてみましょう。

問3　次の質問に中国語で答えましょう。

(1) 你会说英语吗？　＿＿＿＿＿＿＿＿＿＿

(2) 你会打网球吗？　＿＿＿＿＿＿＿＿＿＿

(3) 你会开车吗？　＿＿＿＿＿＿＿＿＿＿

(4) 你会游泳吗？　＿＿＿＿＿＿＿＿＿＿

練習　音声を聴き、リピートして中国語で答えてみましょう。

問4 （　　）の中に、会、能、可以のどれか１つを選び、書き入れましょう。

(1) 我（　　）开车。我每天开车去公司。

(2) 可是，我今天不（　　）开车。因为我晚上去朋友家喝酒。

＊因为（yīn wèi）「なぜなら」／喝（hē）「飲む」

(3) 我（　　）游泳，我能游３千米。

(4) 我（　　）跟你们一起去吗？

(5) 我明天很忙，不（　　）给你打电话。

(6) 我们的商店（　　）刷卡。

解答

問1 [解答例]（1）我喜欢吃油条。（2）我喜欢去韩国。
（3）我喜欢睡觉。（4）我喜欢我妈妈。

問2 [解答例]（1）我想吃油条。（2）我想去韩国。
（3）我想睡觉。（4）我想买手机。

問3 [解答例]（1）我不会说英语。（2）我不会打网球。
（3）我不会开车。（4）我会游泳。

問4 （1）我（ 会 ）开车。我每天开车去公司。
（私は運転できます。私は毎日車で会社に行きます。）

（2）我今天不（ 能 ）开车。因为我晚上去朋友家喝酒。
（私は今日運転できません。なぜなら、私は夜友だちの家にお酒を飲みに行きます。）

（3）我（ 会 ）游泳，我能游３千米。
（私は泳げます、３キロ泳げます。）

（4）我（ 可以／能 ）跟你们一起去吗？
（あなたたちと一緒に行ってもいいですか？）

（5）我明天很忙，不（ 能 ）给你打电话。
（私は明日忙しく、あなたに電話することができません。）

（6）我们的商店（ 可以／能 ）刷卡。
（私たちのお店ではクレジットカードでの支払いが可能です。）

＊（1）（3）は「技能をマスターしている」意味なので、「会」。（2）（5）は運転、電話をする条件、環境が整っていないという意味なので、「能」。（4）（6）は、許可を求めているので、「可以」。許可の場合、口語では「能」も使えます。

第27課 私は中国語を学ばなければなりません。

主語＋助動詞＋動詞句

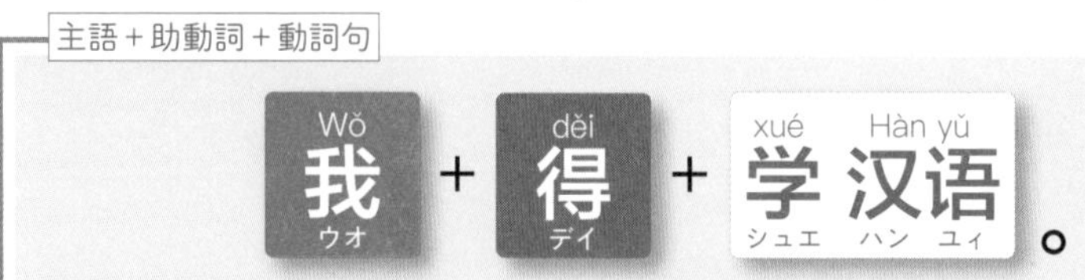

次は、義務や責任を表す助動詞を３つ取り上げましょう。１つめは、得(děi)です。［主語＋得（děi）＋動詞句］の形で「～しなければならない」ことを表します。

Nǐ děi qù chāo shì
你 得 去 超市。
ニィ デイ チュィ チャオ シー

あなたはスーパーに行かなければなりません。

你（nǐ）が主語のこの表現は、かなり強い命令となります。

いっぽう主語が３人称になると、命令ではなく「明日彼は働かないといけない」という客観的な状況を表します。

Tā míng tiān děi gōng zuò
他 明天 得 工作。
タァ ミィンティエン デイ ゴォンヅゥオ

彼は明日仕事しなければなりません。

次の助動詞は、要（yào）です。主語が１人称のときには、積極的な意思を表します。［主語＋要（yào）＋動詞句］は、「～したい、必ずするんだ」という意思を宣言する表現となります。

Wǒ yào xué Hàn yǔ
我 要 学 汉语。
ウオ ヤオ シュエ ハン ユィ

私は中国語を学びたいです。

Wǒ yào qù liú xué
我 要 去 留学。
ウオ ヤオ チュィ リウ シュエ

私は留学に行きたいです。

主語が2人称になると、得（děi）と同じような強い命令となります。［你（nǐ）＋要（yào）＋動詞句］は、［你＋得（děi）＋動詞句］と言い換えができますが、ともに強い命令、勧告の表現となります。

Nǐ yào gào su wǒ
你 要 告诉 我。
ニィ ヤオ ガオ スゥ ウオ
あなたは私に知らせなければなりません。

Nǐ yào gěi tā dǎ diàn huà
你 要 给 他 打电话。
ニィ ヤオ ゲイ タァ ダァ ディエン ホア
あなたは彼に電話をしなければなりません。

次の助動詞、应该（yīng gāi）も「〜すべき」という意味で、助言するときの表現です。

Nǐ yīng gāi gēn péng you shāng liang
你 应该 跟 朋友 商量。
ニィ イィンガイ ゲン ポン ヨウ シャアンリエン
あなたは友だちに相談すべきです。

Nǐ yīng gāi zǎo shuì zǎo qǐ
你 应该 早睡 早起。
ニィ イィンガイ ヅァオシュイ ヅァオ チィ
あなたは早寝早起きすべきです。

Nǐ yīng gāi duō tīng duō liàn
你 应该 多听 多练。
ニィ イィンガイ ドゥオティン ドゥオリエン
あなたはたくさん聴いてたくさん練習すべきです。

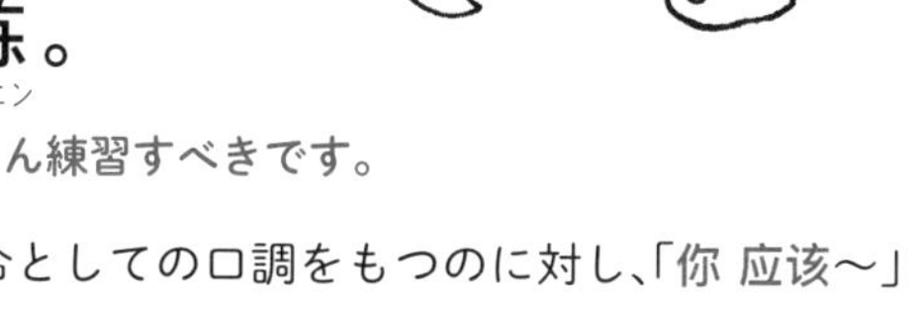

「你 要〜」「你 得〜」が強い命令としての口調をもつのに対し、「你 应该〜」は相手にアドバイスするような、比較的ソフトな言い方となります。

单词

助動詞	děi 得 〜しなければならない	yào 要 〜したい、〜すべき
	yīng gāi 应该 〜すべき	
その他	zǎo shuì zǎo qǐ 早睡早起 早寝早起き	duō tīng duō liàn 多听多练 たくさん聴いてたくさん練習する

第28課 ここで電話をしてはいけません。

主語＋助動詞＋動詞句
Nǐ
你
ニィ
bú yào
不要
ブゥ ヤオ
zài zhèr dǎ diàn huà
在 这儿 打电话
ヅァイ ヂョァ アル ダァ ディエン ホア
あなた（は） ～してはいけません ～で ここ 電話する

次は、助動詞を使った禁止の表現を見ておきましょう。まず、要（yào）の禁止の表現「（你）不要～」です。「不要（bú yào）～」で、「～しないでください」や「～しないように」を表す禁止のフレーズとなります。

Nǐ bú yào gào su tā zhèi jiàn shì
你 不要 告诉 他 这件事。
ニィ ブゥ ヤオ ガオ スゥ タァ ヂェイジエン シー

あなたはこのことを彼に伝えてはいけません。

同じ意味のフレーズとして、「别（bié）～」もよく使われます。

Bié gào su tā
别 告诉 他。
ビエ ガオ スゥ タァ

彼に教えないでください。

Bié shuō huà
别 说话。
ビエ シュオ ホア

おしゃべりをしないでください。

似た表現がもう1つあります。不能（bù néng）です。「不能～」は本来、「～をすることができない」という意味です。（→p.108）

Zhèr bù néng xī yān
这儿 不能 吸烟。
ヂョア アル ブゥ ネゥン シィ イエン

ここでは喫煙できません。

この「～をすることができない」という意味から、「～してはいけない」という禁止の用法が生まれました。あわせて確認しておきましょう。

Nǐ bù néng chī zhè me duō
你 不能 吃 这么 多。
ニィ ブゥ ネゥン チー ヂョァ マ ドゥオ

こんなにたくさん食べてはいけません。

Bù néng shuì zhè me wǎn
不能 睡 这么晚。 こんなに遅く寝てはいけません。
ブゥネゥン シュイ ヂョァ マ ワン

「不要（bú yào）～」「别（bié）～」「不能（bù néng）～」は、すべて互いに置き換え可能な禁止表現ですが、「厳しさの程度」が異なります。

口調が厳しい順で並べてみましょう。

不能～ !!! ＞ 别～ !! ＞ 不要～

丁寧で控えめな表現をしたいときは不要（bú yào）～がオススメです。また、次の（你）不应该～は「（あなたは）～すべきではない」という意味で、さらに控えめなNOを表します。

Nǐ bù yīng gāi gào su tā
你 不应该 告诉 他。 彼に伝えるべきではありません。
ニィ ブゥイィンガイ ガオ スゥ タァ

Shàng kè shí bù yīng gāi wár shǒu jī
上课 时，不应该 玩儿手机。 授業のとき、携帯で遊ぶべきではありません。
シャアン クァ シー ブゥイィンガイ ワァ アル ショウ ジィ

单词

助動詞	bú yào 不要 ～してはいけない	bié 别 ～しないでください	bù néng 不能 ～してはいけない	
	bù yīng gāi 不应该 ～すべきでない			
その他	zhèi jiàn shì 这件事 このこと	shuō huà 说话 おしゃべりをする	zhè me 这么 こんなに～	wǎn 晚 時間が遅い
	shàng kè 上课 授業	shí 时 とき	wár 玩儿 遊ぶ	

第29課 明日は雨が降るかもしれません。

主語＋助動詞＋動詞句
Míng tiān
明天
ミィンティエン
＋
kě néng
可能
クァ ネゥン
＋
xià yǔ
下雨
シア ユィ
。
明日
～だろう
雨が降る

最後に、「～かもしれない」や「きっと～のはずだ」などの可能性を表すものを見ておきましょう。可能（kě néng）は、「～かもしれない」という意味を表します。

Tā jīn tiān kě néng bù lái
他 今天 可能 不来。 彼は今日来ないかもしれない。
タァ ジンティエン クァネゥン ブゥ ライ

次は、「きっと～だ」「～に違いない」を表す助動詞ですが、見覚えがありませんか？

Míng tiān huì xià yǔ
明天 会 下雨。 明日は雨が降るだろう。
ミィンティエン ホゥイ シア ユィ

会（huì）は、「～をマスターしている、～ができる」という意味の助動詞でしたが（→ p.109）、それに加え、「～だろう、きっと～になるはずだ」という強い断言、推測の意味もあります。この場合、文末に的（de）をともなって「会（huì）～的（de）」の文となることが多いです。「～なはず／～なはずがない」という断言を表します。

Míng tiān bú huì xià yǔ de
明天 不会 下雨 的。 明日は雨が降らないはずです。
ミィンティエン ブゥホゥイ シア ユィ ドァ

助動詞	kě néng 可能 ～だろう	huì ~ de 会～（的） きっと～だろう
その他	xià yǔ 下雨 雨が降る	

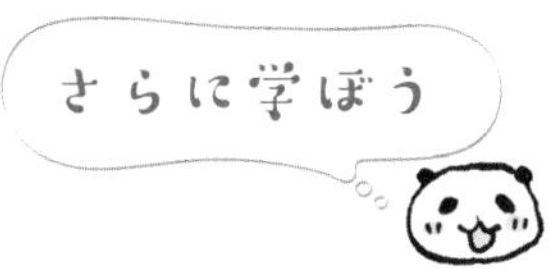

助動詞の反復疑問文

ここまで学んだ助動詞は反復疑問文にすることができます。

ピンインと読み仮名はあえて入れていません。音声を聴きながら声に出してリピートしてみてください。

你喜不喜欢～？　～が好きですか？	
你喜不喜欢学汉语？	中国語が好きですか？
你喜不喜欢玩儿游戏？	ゲームが好きですか？
你喜不喜欢看电影？	映画が好きですか？
你想不想～？　～をしたいですか？	
你想不想学汉语？	中国語を学びたいですか？
你想不想玩儿游戏？	ゲームをしたいですか？
你想不想看电影？	映画を見たいですか？
你会不会～？　～ができますか？	
你会不会说汉语？	中国語ができますか？
你会不会开车？	運転ができますか？
你会不会做饭？	ご飯がつくれますか？
我能不能～？　～してもいいですか？	
我能不能参加？	参加してもいいですか？
我能不能吸烟？	タバコを吸ってもいいですか？
我能不能刷卡？	クレジットカードで支払ってもいいですか？

第 27 ～ 29 課　練習問題

問 1　[　　] の中から 1 語を選び、質問文の答えをつくりましょう。

(1) 在图书馆里可以干什么？ ______________________

(2) 在教室里可以干什么？ ______________________

(3) 在超市里可以干什么？ ______________________

(4) 在家里可以干什么？ ______________________

[说话　睡觉　看书　买东西]

練習　音声を聴き、リピートして中国語で答えてみましょう。

問 2　次の質問に中国語で答えましょう。

(1) 你每天得几点起床？ ______________________

(2) 你每天得几点睡觉？ ______________________

(3) 你星期几得去超市？ ______________________

(4) 你星期几得洗衣服？ ______________________

練習　音声を聴き、リピートして中国語で答えてみましょう。

問 3　(　　) の中に入る適切な形容詞を、下の [　　] の中から 1 つずつ選びましょう。

(1) 你不能吃这么（　　）。

(2) 你不能睡这么（　　）。

(3) 你不能起这么（　　）。

(4) 你不能喝这么（　　）。

[晚 / 多]

問 4　(　)の中に入る適切な助動詞を、下の[　]の中から1つ選びましょう。

(1) 你（　　　）多听多练。

(2) 他明天（　　　）来的。

(3) 我（　　　）去北京留学。

(4)（　　　）在这儿说话。

[会 / 要 / 别 / 应该]

解答

問 1 [解答例]
(1) 在图书馆里可以看书。　(図書館で本を読むことができます。)
(2) 在教室里可以说话。　(教室でおしゃべりをすることができます。)
(3) 在超市里可以买东西。　(スーパーで買い物ができます。)
(4) 在家里可以睡觉。　(家で寝ることができます。)

問 2 [解答例]
(1) 我每天得6点半起床。　(私は毎日6時半に起きなければなりません。)
(2) 我每天得1点睡觉。　(私は毎日1時に寝なければなりません。)
(3) 我星期六得去超市。　(私は土曜日にスーパーに行かなければなりません。)
(4) 我星期日得洗衣服。　(私は日曜日に洗濯しなければなりません。)

問 3
(1) 你不能吃这么（ 多 ）。（あなたはこんなにたくさん食べてはいけません。）
(2) 你不能睡这么（ 晚 ）。（あなたはこんなに遅く寝てはいけません。）
(3) 你不能起这么（ 晚 ）。（あなたはこんなに遅く起きてはいけません。）
(4) 你不能喝这么（ 多 ）。（あなたはこんなにたくさん飲んではいけません。）

問 4
(1) 你（ 应该 ）多听多练。
(2) 他明天（ 会 ）来的。
(3) 我（ 要 ）去北京留学。
(4)（ 别 ）在这儿说话。

柱子

中国語学習にちょっと疲れたときは……

ここまでの学習、いかがでしょうか。どんどん新しい単語が増えてきて、文法もいろいろと細かくなりました。また、漢字の書き方や意味が日本語の漢字と異なるものが多いため、かえって混乱されたり、難しく思われるかもしれません。お気持ち、十分お察しします。じつは、私もかつて、皆さんと同じ気持ちを、日本語に対してもっていました。なぜかと言いますと、日本語の漢字語彙も、中国人は意味を理解することができないからです。

たとえば、私は次のような日本語に対して、長らく理解に苦しみました。

勉強　部活　大変　無料　迷惑　痴漢　改札　担任　油断　我慢　自慢　紅白……

例をあげればきりがなく、漢字語彙であっても、何ひとつ理解できなかったのです。日本語も漢字を使う言語なのに、当時日本語初心者の私にとって、横文字を使う英語よりも難しく感じました。

しかしいっぽうで、「漢字なのに意味がまったく予測できない」ことがどこかで「面白くて、新鮮だ」とも思いました。意味がわからず、意思疎通もままならなかったのは確かに大変でしたが、日本語の漢字語彙に触れ、中国語にはない新しい意味を理解することが、なぜか楽しかったのも事実です。しかも、いったん意味を理解すると、英語の単語よりも習得が早く、なかなか忘れません。そのためか、日本語の上達が英語よりも早かったような気がします。

皆さんもぜひ当時の私のように、「何これ、全然意味不明だけど、面白いかも」というふうに中国語を面白がってみてください。きっと学習効果が上がります。

第3章

場面から学ぶ中国語

第1課 どうぞお入りください。

お願いする表現
Qǐng
请
チィン
jìn
进
ジン
～してください
入る

相手に何かをしてもらうように促すときは请(qǐng)を使います。[请(qǐng)+動詞] の形で「どうぞ～してください」という表現になります。

请（qǐng）を使ったフレーズをまとめておきます。

	動詞	フレーズ	
qǐng 请 チィン	jìn 进 ジン 入る	qǐng jìn 请进。チィン ジン	どうぞお入りください。
	zuò 坐 ヅゥオ 座る	qǐng zuò 请坐。チィン ヅゥオ	どうぞお座りください。
	kàn 看 カン 見る	qǐng kàn 请看。チィン カン	どうぞご覧ください。
	shuō 说 シュオ 言う	qǐng shuō 请说。チィン シュオ	おっしゃってください。
	wèn 问 ウェン 聞く	qǐng wèn 请问*。チィン ウェン	お尋ねします。

＊请问（qǐng wèn）だけは、「どうぞお聞きください」ではなく、「お尋ねします」や「すみません、お聞きしたいのですが」という意味のイディオムとなります。

[请（qǐng）＋動詞] は、さらに後ろに吧（ba）をともなうこともできます。吧（ba）をともなうと少しカジュアルな言い方になります。

Qǐng jìn ba
请进吧。 どうぞお入りください。
チィン ジン バ

Qǐng zuò ba
请 坐 吧。 どうぞお座りください。
チィン ヅゥオ バ

Qǐng kàn ba
请 看 吧。 どうぞご覧ください。
チィン カン バ

Qǐng shuō ba
请 说 吧。 どうぞおっしゃってください。
チィン シュオ バ

Qǐng wèn ba
请 问 吧。 どうぞお聞きください。
チィン ウェン バ

请问（qǐng wèn）が「お尋ねします」のイディオムであるのに対し、请问吧（qǐng wèn ba）は「どうぞお聞きください」という文字通りの意味に戻ります。

そして、さらに请（qǐng）のない、［動詞＋吧（ba）］だけでも使えます。ただし、［動詞＋吧（ba）］の表現には、「～したいならしてもいいよ、～してね」といった許可のニュアンスもありますので、请（qǐng）があったほうがより丁寧です。

Zuò ba
坐 吧。 お座りください。（お座りになりたければどうぞ）
ヅゥオ バ

Kàn ba
看 吧。 見てください。（ご自由にご覧ください）
カン バ

Wèn ba
问 吧。 お尋ねください。（なんでも聞いて）
ウェン バ

Shuō ba
说 吧。 おっしゃってください。（気兼ねなく話を聞かせて）
シュオ バ

单词

qǐng 请　どうぞ～してください	jìn 进　入る	ba 吧　～してね、～してください

第2課 ぜひ見てみてください。

お勧めする表現
Qǐng
请
チィン
+
kàn kan
看看
カンカン
。
〜してください
見る

「ぜひ〜してみてください」と人に何かを勧めるときは、[请（qǐng）＋動詞＋動詞]の形で動詞を重ねて使います。動詞を重ねることで、「〜してみる」という意味が生じるのです。重ねた２つ目の文字は軽声になります。

Qǐng cháng **chang**
请 尝尝。　どうぞ味わってみてください。
チィン チァアンチァアン

似たような言い方で、重ねた動詞の間に、一（yī）をはさむこともありますが、意味は同じです。この場合、一は軽声（yi）になります。

Qǐng kàn **yi** kàn
请 看一看。　どうぞ見てみてください。
チィン カン イィ カン

Qǐng cháng **yi** cháng
请 尝一尝。　どうぞ味わってみてください。
チィン チァアン イィ チァアン

目的語を入れるときは、重ねた動詞の後に置きます。

Qǐng cháng **yi** cháng zhèi ge
请 尝一尝 这个。　これを味わってみてください。
チィン チァアン イィ チァアン ヂェイ グァ

Qǐng kàn kan nèi běn shū
请 看看 那本书。　その本を読んでみてください。
チィン カン カン ネイ ベン シュウ

よりカジュアルさを出したいときは、文末に吧（ba）をそえましょう。

Qǐng cháng chang zhèi ge ba
请 尝尝 这个 吧。 これを味わってみてください。
チィン チァアンチァアン ヂェイ グァ バ

Qǐng tīng ting zhèi shǒu gē ba
请 听听 这首 歌 吧。 この歌を聴いてみてください。
チィン ティンティン ヂェイショウ グァ バ

［请（qǐng）＋動詞＋動詞］や［请（qǐng）＋動詞＋一（yi）＋動詞］は、相手に何かをお勧めする、というニュアンスが強い表現です。単なるお願いの場合は、第１課で学習したように動詞を重ねずに使います。

［再（zài）＋動詞＋一遍（yí biàn）／一次（yí cì）」で「もう一度～します」を表します。これに请（qǐng）をつけると「もう一度～してください」という依頼の表現になります。

Qǐng zài shuō yí biàn
请 再 说 一遍。 もう一度おっしゃってください。
チィン ヅァイ シュオ イィ ビエン

Qǐng zài wèn yí cì
请 再 问 一次。 もう一度質問してください。
チィン ヅァイ ウェン イィ ツー

［動詞＋動詞］［動詞＋一（yi）＋動詞］は、助動詞 想（xiǎng）と一緒に用いることで、「自分が～してみたい」と言うときにも使えます。

Wǒ xiǎng kàn **yi** kàn
我 想 看一看。 私は見てみたいです。
ウオ シアン カン イィ カン

Wǒ xiǎng cháng **yi** cháng
我 想 尝一尝。 私は味わってみたいです。
ウオ シアン チァアン イィ チァアン

cháng 尝 味わう	zài 再 もう一度

第3課 彼に中国語を教えてもらいます。

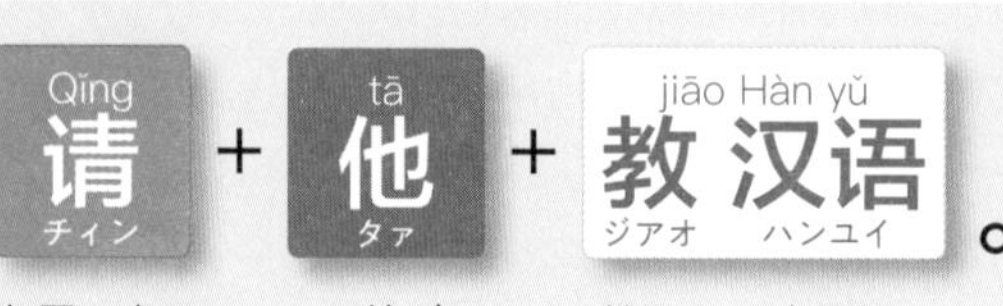

次は、相手に何かをしてもらうよう頼んだり、あるいは何かをするよう指示を出すときの言い方を見てみましょう。

まずは、ここまでで学んだ请（qǐng）「お願いする」を使った文を見てみましょう。［请＋人＋動詞句」の形で「（人）にお願いして〜をしていただく」と言うことができます。相手に何かを依頼するときに使う丁寧な表現です。

Wǒ men qǐng tā jiāo wǒ men Hàn yǔ
我们请他教我们汉语。
ウオ メン チィン タァ ジアオ ウオ メン ハン ユィ

私たちは彼に中国語を教えてもらいます。

この文は少し長いので、分解しましょう。

我们请 他 教我们汉语。

私たちは彼にお願いする　　彼が私たちに中国語を教える

↓

Wǒ qǐng péng you lái wǒ jiā
我请朋友来我家。
ウオ チィン ポン ヨウ ライ ウオ ジア

私は友だちに家に来てもらいます。

Wǒ men qǐng kè rén tí jiàn yì
我们请客人提建议。
ウオ メン チィン クァ レン ティ ジアン イィ

私たちはお客さんにご提案をお願いしています。

命令・指示の表現

命令・指示の場合は［让（ràng）／叫（jiào）＋人＋動詞句］の形になります。

Wǒ ràng hái zǐ xué xí
我 让 孩子 学习。 私は子どもに勉強させます。
ウオ ロアァン ハイ ヅー ュエ シィ

Wǒ jiào hái zǐ xǐ zǎo
我 叫 孩子 洗澡。 私は子どもにお風呂に入らせます。
ウオ ジアオ ハイ ヅー シィ ヅァオ

両者の意味は同じですが、让（ràng）よりも叫（jiào）のほうが少し口語的です。また、［让（ràng）＋人＋動詞句］のほうには、「〜したいなら、させてあげる」という許可のニュアンスも含まれます。

Wǒ ràng hái zǐ yòng shǒu jī
我 让 孩子 用 手机。 私は子どもに携帯を使わせます。
ウオ ロアァン ハイ ヅー ヨン ショウ ジィ

否定文

ここまで学んだ文は、相手にしてほしいことがあるときに使う表現なので、否定文は少し複雑です。「〜してほしい」の否定は「〜してほしくない」なので、否定文では「許可しない、〜してはダメだ」という不許可や禁止を表す［不让（bú ràng）＋人＋動詞句］の形で使います。

Wǒ bú ràng hái zǐ kàn màn huà
我 不让 孩子 看 漫画。 私は子どもにマンガを見させません。
ウオ ブゥ ロアァン ハイ ヅー カン マン ホア

Mā ma bú ràng wǒ wánr yóu xì
妈妈 不让 我 玩儿 游戏。 お母さんはゲームをさせてくれません。
マァ マァ ブゥ ロアァン ウオ ワン アル ヨウ シィ

日常の場面でよく「〜しちゃダメだって」という日本語を耳にしますが、上の例文もそのような「お母さんがゲームをしちゃダメだって」というニュアンスになります。

動詞句	tí jiàn yì 提建议 提案する	xǐ zǎo 洗澡 風呂に入る
名詞	màn huà 漫画 漫画	yóu xì 游戏 ゲーム

第3章 場面から学ぶ中国語

第4課 彼はきっと来ます。

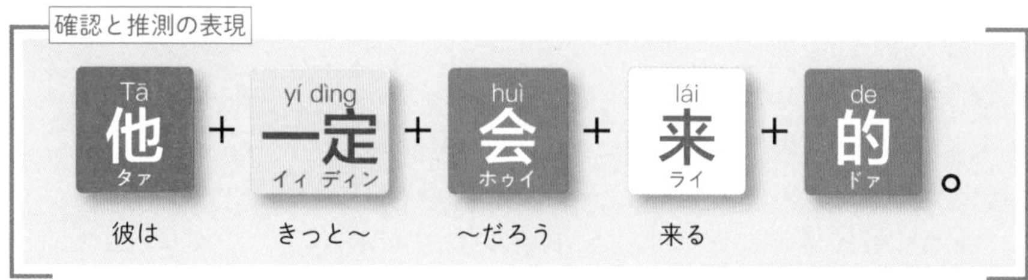

あることについて、「きっと～だ」と言い切るときは、副詞の一定（yí dìng）「きっと～」を動詞の前に置きます。

Tā yí dìng huì xǐ huān zhèi ge
他 一定 会 喜欢 这个。 彼はきっとこれを気に入るでしょう。
タァ イィ ディン ホゥイ シィ ホワン ヂェイ グァ

このほかに、［一定（yí dìng）会（huì）～的（de）］の形もあって、これは「一定」と［会～的］が組み合わさった文です。［会～的］は「きっと～だろう」という意味でしたね。（→ p.118）

Tā yí dìng huì qù Zhōng guó de
他 一定 会 去 中国 的。 彼はきっと中国に行くでしょう。
タァ イィ ディン ホゥイ チィ ヂォングゥオ ドァ

的（de）は名詞の後に来るときは「～の」を表しますが、文末に来ると「きっと～だ」という確信の気持ちを表します。この確信の的（de）は、返事の表現によく登場しますので、まとめて見てみましょう。

～的 de	好的 hǎo de（ハオ ドァ）かしこまりました	是的 shì de（シー ドァ）そうです	对的 duì de（ドゥイ ドァ）その通りです

Nǐ jiāo jiao wǒ
你 教 教 我。 ちょっと教えて。
ニィ ジアオ ジアオ ウオ

Hǎo de
－好的。 いいよ。
ハオ ドァ

Wǒ zhè me shuō duì ma
我 这么说，对 吗？ こういう風に言うのは合っていますか？
ウオ チョァ マ シュオ ドゥイ マァ

Duì de
－ 对的。 はい、合っています。
ドゥイ ドァ

推測の表現

「～だろうな、～でしょうか」と推測するとき中国語は、文末に吧（ba）をつけて表します。

Tā shì Měi guó rén ba
他 是 美国人 吧。 彼はアメリカ人でしょう。
タァ シー メイ グゥオ レン バァ

Nǐ bú huì kāi chē ba
你 不会 开车 吧。 あなたは運転できないでしょう。
ニィ ブゥ ホゥイ カイ チョァ バァ

文末の吧（ba）はこの章の第１課 （→ p.124）にも出てきましたね。あわせて確認しておきましょう。

それからもう１つ、抱えている疑問を自問自答するときは呢（ne）を使います。

Tā jīn tiān jǐ diǎn lái xué xiào ne
她 今天 几点 来 学校 呢？
タァ ジンティエン ジィ ディエン ライ シュエシアオ ヌァ
彼女は今日何時に学校に来るのかな？

Tā wèi shén me xué Hàn yǔ ne
他 为什么 学 汉语 呢？
タァ ウェイシェン マ シュエ ハン ユィ ヌァ
彼はなぜ中国語を学ぶのかな？

語気詞	de 的 ～だ	ba 吧 ～でしょう	ne 呢 ～だろうか、～なのかな
形容詞	duì 对 正しい		

第5課 食事に行きましょう。

勧誘の表現
Wǒ men
我们
ウオ メン
私たちは
yì qǐ
一起
イィ チィ
一緒に 行く
qù chī fàn
去 吃饭
チュィ チー ファン
食事する
ba
吧
バァ
どうですか？
。

中国の友人をお茶やご飯に誘ったり、誘われたりすることもあるかもしれません。そんな場面の中国語をいくつか取り上げましょう。

まずは、［一起（yì qǐ）～吧（ba）］です。

Wǒ men　yì qǐ　qù　kàn diàn yǐng　ba
我们 一起 去 看电影 吧。
ウオ メン　イィ チィ　チュイ　カン ディエン イィン　バァ
私たちは一緒に映画を見に行きましょう。

ここでもまた、吧（ba）が出てきましたね。吧（ba）の用法はこれで３つめとなります。整理しておきましょう。

❶ 请＋［動詞］＋吧	どうぞ～してください。	Qǐng zuò ba 请 坐 吧。 チィン ヅゥオ バァ お座りください。
❷ ［文末の］吧	～でしょう。	Nǐ shì Rì běn rén ba 你 是 日本人 吧。 ニィ シー リー ベン レン バァ あなたは日本人ですよね。
❸ 一起 ＋［動詞］＋吧	一緒に ～しましょう。	Wǒ men yì qǐ qù ba 我们 一起 去 吧。 ウオ メン イィ チィ チュイ バァ 一緒に行きましょう。

また、～怎么样（zěn me yàng）？「～はどうですか？」もよく使われる勧誘の表現です。

Yì qǐ　qù　chī fàn　zěn me yàng
一起 去 吃饭，怎么样?
イィ チィ　チュイ　チー ファン　ヅェン マ ヤン
一緒に食事に行きましょう、いかがですか？

物などを勧める表現

「～はいかがですか？」と飲み物や食べ物を勧めたいときの表現も見てみましょう。

Nǐ　xiǎng　hē　diǎnr　shén me　ma
你 想 喝 点儿 什么 吗?
ニィ　シアン　ホァ　ディエンアル　シェン マ　マァ
あなたは何かを飲みますか？（飲み物はいかがですか？）

点儿（diǎnr）は「少し」という意味なので、喝点儿什么 全体で「少し何かを飲む」を表します。想（xiǎng）は「～したい」なので、この文は直訳すると「少し何かを飲みたいですか」となるのですが、「飲み物はいかがですか」のようなニュアンスの表現になります。

喝（hē）を吃（chī）に変えると食べ物を勧める表現になります。

Nǐ　xiǎng　chī　diǎnr　shén me　ma
你 想 吃 点儿 什么 吗?
ニィ　シアン　チー　ディエンアル　シェン マ　マァ
あなたは何かを食べますか？（食べ物はいかがですか？）

ba
吧　～しましょう

diǎnr
点儿　少し
＊一点儿（yì diǎnr）と同じ。

第3章 場面から学ぶ中国語

第1～5課　練習問題

問1　以下の日本語を中国語に訳しましょう。

(1) どうぞお入りください。 ＿＿＿＿＿＿＿＿＿＿

(2) どうぞお座りください。 ＿＿＿＿＿＿＿＿＿＿

(3) どうぞご覧ください。 ＿＿＿＿＿＿＿＿＿＿

(4) お尋ねします。 ＿＿＿＿＿＿＿＿＿＿

問2　これまでに学んだ動詞のうち（　　）内に入る動詞を簡体字で書きましょう。

请（　　　　）	请（　　　　）	请（　　　　）	请（　　　　）

問3　［　］内の語を正しい中国語の文に並びかえましょう。

(1)［听听　歌　想　我　这首］ ＿＿＿＿＿＿＿＿＿＿
私はこの歌を聴いてみたいです。

(2)［一遍　说　请　再］ ＿＿＿＿＿＿＿＿＿＿
もう一度言ってください。

(3)［的　他　会　来］ ＿＿＿＿＿＿＿＿＿＿
彼はきっと来ます。

(4)［这个　吧　尝尝　请］ ＿＿＿＿＿＿＿＿＿＿
これを食べてみてください。

練習　音声で発音される文をリピートしてみましょう。

問4　文末に入る適切な語（1文字）を（　　）内に書き入れましょう。

(1) 明天一定会下雨（　　）。

(2) 他今天可能不来（　　）。

(3) 她几点来学校（　　）？

(4) 你看看这个电影（　　）。

練習　音声で発音される文をリピートしてみましょう。

問5　日本語の意味に合うよう、（　　）内に**请**または**让**を入れ、文を完成させましょう。

(1) 我想（　　）朋友来我家。　私は友だちに家に来てもらいたいです。

(2) 我想（　　）老师教我汉语。　私は先生に中国語を教えていただきたいです。

(3) 我（　　）妈妈给我买手机。　母に携帯を買わせます。
(4) 妈妈不（　　）我吸烟。　母が喫煙しちゃダメだって。

問 6　日本語の意味に合うよう、（　　）内に適切な語を入れましょう。
(1) 你应该看看（　　　）。（４文字）　その映画を見てみるべきです。
(2) 你应该尝尝（　　　）。（２文字）　油条（揚げパン）を食べてみるべきです。
(3) 请告诉我（　　　）。（４文字）　あなたが何時に来るのかを教えてください。
(4) 请教我（　　　）。（２文字）　日本語を教えてください。

解答

問 1　（1）请进。　（2）请坐。　（3）请看。　（4）请问。

問 2　[解答例]

请（问）	请（坐）	请（进）	请（看）

問 3　（1）我想听听这首歌。　（2）请再说一遍。
（3）他会来的。　（4）请尝尝这个吧。
＊（2）は、再の場所に注意しましょう。[**再**＋動詞＋**一遍**]」となります。

問 4　（1）明天一定会下雨（的）。　（明日きっと雨が降るに違いない。）
（2）他今天可能不来（吧）。　（彼は今日恐らくこないでしょう。）
（3）她几点来学校（呢）？　（彼女は何時学校に来るのかな？）
（4）你看看这个电影（吧）。　（この映画を見てみてください。）

問 5　（1）请　（2）请　（3）让　（4）让

問 6　（1）你应该看看［那个电影］。（2）你应该尝尝［油条］。
（3）请告诉我［你几点来］。　（4）请教我［日语］

歌詞で見る中国語

看看、看一看のように動詞を重ねることは、中国語ではわりと多いです。人に何かを勧めたり、自分で「やってみようかな」とつぶやいたりするときに用いる表現です。歌詞にも出てきます。ここで、皆様にお題を１つ。次の一節は、誰の、何という歌でしょうか？　興味がある方はぜひ調べてみてください。

♪你去看一看／你去想一想／月亮代表我的心。
「あなたが行って見てみて／行って考えてみて／月が私の心を表しています」

第6課 あなたは私より背が高い。

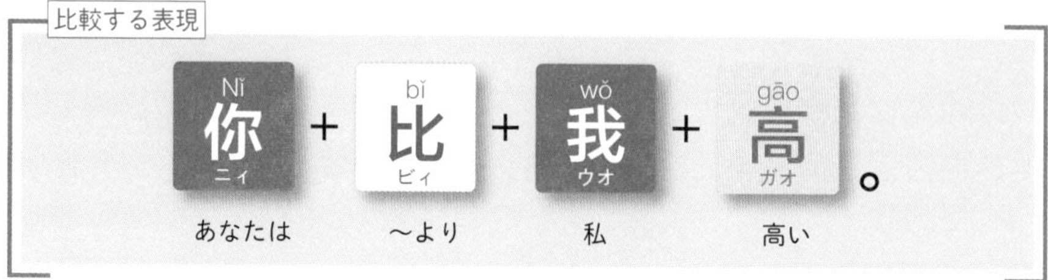

人間は比較が好きな生き物です。中国人は比較が大好きな国民性をもっているような気がします。身長、収入、学歴などさまざまな面で明に暗にと比べ合います。中国語において、比較の言い方はおさえておきたいポイントの１つです。比較の表現は、〔A＋比＋B＋形容詞〕の形で表します。比（bǐ）は本来「比べる」という意味の動詞ですが、ここでは比較対象を導くための「～より」にあたる部分だと考えてください。

Nǐ de fáng zi bǐ wǒ de fáng zi dà
你 的 房子 比 我 的 房子 大。
ニィ ドァ ファアンヅー ビィ ウオ ドァ ファアンヅー ダァ
あなたの家は私の家より広いです。

否定文

否定は〔A＋没有（méi you）＋B＋形容詞〕で「AはBほど～でない」となります。

Wǒ méi you nǐ gāo
我 没有 你 高。 私はあなたほど背が高くありません。
ウオ メイ ヨウ ニィ ガオ

Wǒ de fáng zi méi you nǐ de fáng zi dà
我 的 房子 没有 你 的 房子 大。
ウオ ドァ ファアンヅー メイ ヨウ ニィ ドァ ファアンヅー ダァ
私の家はあなたの家ほど広くありません。

房子（fáng zi）は「家」のことですが、中国はマンションタイプの家が多いので、「マンション」と理解してもいいと思います。买房子了吗？「房子（fáng zi）を買った？」、日本的房子贵不贵?「日本の房子（fáng zi）は高い？」などは話題になりやすく、中国人の関心事の１つといえます。

そして、房子（fáng zi）の次に出てくるのが汽车（qì chē）「自動車」です。

Nǐ de qì chē bǐ wǒ de qì chē guì
你 的 汽车 比 我 的 汽车 贵。
ニィ ドァ チィチョァ ビィ ウオ ドァ チィチョァ グゥイ
あなたの車は私の車より高いです。

Wǒ de qì chē méi you nǐ de qì chē guì
我 的 汽车 没有 你 的 汽车 贵。
ウオ ドァ チィチョァ メイ ヨウ ニィ ドァ チィチョァ グゥイ
私の車はあなたの車ほど高くありません。

差を表す

どのくらい高いのか、値段の差を明確にすることで、より生々しい表現に仕上げられます。差を表す語は、形容詞の後ろに来るので、「10 万元高い」は贵 10 万块となります。自動車は、単に车（chē）とも言います。

Nǐ de chē bǐ wǒ de chē guì duō shǎo
你 的 车 比 我 的 车 贵 多少?
ニィ ドァ チョァ ビィ ウオ ドァ チョァ グゥイ ドゥオシャオ
あなたの車は私の車よりどのくらい高いですか？

Wǒ de chē bǐ nǐ de chē guì shí wàn kuài
－我 的 车 比 你 的 车 贵 10 万块。
ウオ ドァ チョァ ビィ ニィ ドァ チョァ グゥイ シー ワン クワ
私の車はあなたの車より 10 万元高いです。

年齢の比較は形容詞の大（dà）と小（xiǎo）で表します。大（dà）は「年上」、小（xiǎo）は「年下」です。「2 歳年上」は大两岁となります。

Wǒ bǐ nǐ dà liǎng suì
我 比 你 大 两岁。 私はあなたより 2 歳年上です。
ウオ ビィ ニィ ダァ リアンスゥイ

Wǒ bǐ nǐ xiǎo liǎng suì
我 比 你 小 两岁。 私はあなたより 2 歳年下です。
ウオ ビィ ニィ シアオ リアンスゥイ

单词

bǐ 比　比べる、～より	fáng zi 房子　家	qì chē 汽车　自動車

第7課 日本語がお上手ですね。

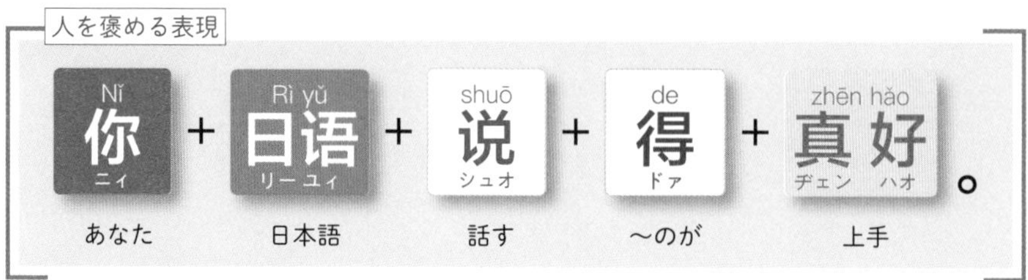

人を褒める表現
Nǐ 你 ニィ
Rì yǔ 日语 リーユィ
shuō 说 シュオ
de 得 ドァ
zhēn hǎo 真好 ヂェン ハオ
。
あなた
日本語
話す
〜のが
上手

［主語＋動詞＋得（de）＋真好（zhēn hǎo)］の形で「(主語）は〜するのがじつにいい／上手」という意味になります。得（de）という字には特に意味がなく、しいていえば「〜のが…」に当たります。

Nǐ shuō de zhēn hǎo
你 说 得 真好。 あなたは会話が本当に上手ですね。
ニィ シュオ ドァ ヂェンハオ

見出しの例文、你日语说得真好では、日语が说得真好の前に置かれています。これは、得（de）の前には動詞1文字しか来られず［動詞＋目的語＋得（de)］の形にできないためです。ただし、次の形ならOKです。

Nǐ shuō Rì yǔ shuō de zhēn hǎo
你说日语说得真好。 あなたは日本語を話すのが本当に上手ですね。
ニィ シュオ リーユィ シュオ ドァ ヂェンハオ

直訳すると、「日本語を話す　話すのが上手」となります。回りくどい言い方ですが、これもやはり得（de）の前には動詞1文字しか来られないためです。動詞の说（shuō）が2回使われていますので、通常は、1個めの動詞をとり、日语说得真好で「日本語が流暢(りゅうちょう)」を表すのです。

このように、「〜するのが上手だ」という言い方は3通りあります。次の3通りのうち、❶が最も略式的な言い方で、❸が最も細かく伝える表現です。

❶［動詞＋得（de）＋真好（zhēn hǎo)］「〜が上手ですね」

❷［目的語＋動詞＋得（de）＋真好（zhēn hǎo)］「〜するのが上手ですね」

❸［動詞＋目的語＋動詞＋得（de）＋真好（zhēn hǎo)］「〜を〜するのが上手ですね」

疑問文

実力の度合いを聞きたいときには、怎么样（zěn me yàng）で聞いてみましょう。

Nǐ Rì yǔ shuō de zěn me yàng
你 日语 说 得 怎么样？ あなたは日本語を話すのはどうですか？
ニィ リーユィ シュオ ドァ ヅェン マ ヤン

中国の人はこう聞かれると、必ず謙遜（けんそん）して、不太好（bú tài hǎo）「あまり上手じゃない」と答えるはずです。

Wǒ Rì yǔ shuō de hái bú tài hǎo
我 日语 说 得 还 不太好。
ウオ リー ユィ シュオ ドァ ハイ ブゥ タイ ハオ
私は日本語を話すのがまだあまり上手ではありません。

もちろん、还可以（hái kě yǐ）「まぁまぁ、そこそこ」と答える人もいると思います。

Wǒ shuō de hái kě yǐ
我 说 得 还可以。 私はまぁまぁ話せます。
ウオ シュオ ドァ ハイ クァ イィ

Nǐ chàng gē chàng de zěn me yàng Hái kě yǐ
你 唱歌唱 得 怎么样？ − 还可以。
ニィ チャアン グァ チャアン ドァ ヅェン マ ヤン ハイ クァ イィ
あなたは歌うのはどうですか？ まぁまぁです。

それから、中国人は褒められると、「いえいえ」という意味で、哪里哪里（nǎ li nǎ li）をよく言います。

Nǐ dǎ wǎng qiú dǎ de zhēn hǎo Nǎ li nǎ li
你 打网球 打 得 真好。− 哪里哪里。
ニィ ダァ ワァン チウ ダァ ドァ ヂェン ハオ ナァ リィ ナァ リィ
あなたはテニスが本当に上手ですね。 いえいえ。

单词

de 得 ～するのが	zhēn hǎo 真好 上手	hái kě yǐ 还可以 まあまあ	nǎ li nǎ li 哪里哪里 いえいえ

第8課 彼は私より上手に話します。

比べて褒める表現
Tā 他 タァ + bǐ 比 ビィ + wǒ 我 ウオ + shuō 说 シュオ + de 得 ドゥ + hǎo 好 ハオ。
彼
〜より
私
話す
〜のが
上手に

この課では、比較と評価を同時に行う、「AはBより〜をするのがうまい」の表現を学びましょう。［A＋比（bǐ）＋B］（→p.136）と［動詞＋得（de）＋好（hǎo）］（→p.138）が組み合わさって、［A＋比（bǐ）＋B＋動詞＋得（de）＋好（hǎo）］となります。

［A＋比（bǐ）＋B＋形容詞］の比較の文では、形容詞の前に程度を表す副詞、真（zhēn）、很（hěn）などは入れられないので、次のような表現はできないことに注意してください。

Tā bǐ wǒ zhēn gāo
他 比 我 真 高。　彼は私より本当に背が高いです。
タァ ビィ ウオ チェン ガオ

Wǒ bǐ tā hěn xiǎo
我 比 他 很 小。　私は彼よりとても若いです。
ウオ ビィ タァ ヘン シアオ

これらと同様、比較文では **他比我说得真好。** とは言えません。

目的語を入れたいときは、次のような語順になります。

Tā Hàn yǔ bǐ wǒ shuō de hǎo
他 汉语 比 我 说 得 好。
タァ ハン ユィ ビィ ウオ シュオ ドァ ハオ
彼は中国語を話すのが私より上手です。

Tā bǐ wǒ Hàn yǔ shuō de hǎo
他 比 我 汉语 说 得 好。
タァ ビィ ウオ ハン ユィ シュオ ドァ ハオ
彼は私より中国語を話すのが上手です。

汉语（Hàn yǔ）は比我（bǐ wǒ）「私より」の前と後ろ、どちらに置いても大丈夫です。

否定文

［A＋没有（méi you）＋B＋動詞＋得（de）＋好（hǎo）」で、「AはBほど～をするのが上手ではない」となります。

Wǒ méi you tā shuō de hǎo
我 没有 他 说 得 好。 私は彼ほど上手に話せません。
ウオ メイ ヨウ タァ シュオ ドァ ハオ

目的語を入れる場合の位置は、没有他（méi you tā)「彼ほど」の前か後ろ、どちらでもOKです。

Wǒ méi you tā Hàn yǔ shuō de hǎo
我 没有 他 汉语 说 得 好。 私は彼ほど中国語を上手に話せません。
ウオ メイ ヨウ タァ ハン ユィ シュオ ドァ ハオ

Wǒ Hàn yǔ méi you tā shuō de hǎo
我 汉语 没有 他 说 得 好。 私は中国語は彼ほど上手に話せません。
ウオ ハン ユィ メイ ヨウ タァ シュオ ドァ ハオ

「真」「很」の使い方

「すごく、本当に」を表す程度の副詞 真、很が表すニュアンスの違いをおさらいしておきましょう。

Jīn tiān zhēn rè
❶ **今天 真热。** 今日は本当に暑いですね。
ジン ティエン ヂェン ロァ

Jīn tiān hěn rè
❷ **今天 很热。** 今日は暑いですね。
ジン ティエン ヘン ロァ

Jīn tiān rè
❸ **今天 热。** 今日は暑いですね。
ジン ティエン ロァ

真のほうが話し手の「本当に」という実感がこめられていて、很よりも主観的な表現となります。③だけが「(昨日と比べて）今日は暑い」と比較を表す文になります。今天热のように、形容詞を単独で使うと比較の意味が生じます。比較の意味をもたせたいときは、真（zhēn)、很（hěn）を使わない文章をつくりましょう。

第6～8課　練習問題

問1　一起～吧を用いて中国語にしてみましょう。

(1) 一緒に映画を見に行きましょう。　＿＿＿＿＿＿＿＿＿＿

(2) 一緒にお茶を飲みに行きましょう。　＿＿＿＿＿＿＿＿＿＿

(3) 一緒に食事に行きましょう。　＿＿＿＿＿＿＿＿＿＿

(4) 一緒に中国に行きましょう。　＿＿＿＿＿＿＿＿＿＿

問2　(　　)の中に入る語句を下の **A**～**D** の中から1つ選びましょう。

(1) 男：你想吃点儿什么吗？
　女：我想吃中国的饺子。
　男：(　　　　　　　　　　)
　女：好的。我星期三的晚上有时间。
　　A：你有时间吗？　　**B**：我想吃油条。
　　C：我们一起去吃，怎么样？　　**D**：你星期几去吃？

(2) 男：你打网球打得真好。
　女：(　　　　　　　　　　)
　男：我没有你打得好。
　女：你打得也很好。
　　A：哪里哪里。　　**B**：还可以。
　　C：我会打网球。　　**D**：这儿不可以打网球。

問3　例にならい、[　　] 内の語句を正しい文にしましょう。

例 [说汉语　得　好] →　说汉语说得好

(1) [唱歌　　得　好] → ＿＿＿＿＿＿＿＿＿＿

(2) [做饭　　得　好] → ＿＿＿＿＿＿＿＿＿＿

(3) [写字*　　得　好] → ＿＿＿＿＿＿＿＿＿＿

(4) [游泳　　得　好] → ＿＿＿＿＿＿＿＿＿＿

＊写字 (xiě zì)「字を書く」

問4　例にならい、[　　] 内の情報をヒントに、右側の文の (　　) に入る語を答えましょう。

例［我：50 岁　　哥哥：56 岁］➡哥哥 比　我（大）六岁。

（1）［我：1 米 55　姐姐：1 米 60］

➡ 姐姐 比 我（　　）5 公分*。　＊公分（gōng fēn）「センチメートル」

（2）［我的鞋：500 块　　朋友的鞋：600 块］

➡朋友的鞋 比 我的 贵（　　）块。

（3）［今天：10 度　　昨天：12 度］

➡今天 比 昨天（　　）两度。

（4）［我：55 公斤　　妈妈：50 公斤］

➡ 我 比 妈妈（　　）5 公斤。

解答

問1 （1）我们一起去看电影吧。　（2）我们一起去喝茶吧。
（3）我们一起去吃饭吧。　（4）我们一起去中国吧。

問2 （1） C

男：何か食べたくありませんか？
女：中国の餃子を食べたいです。
男：（一緒に食べに行くのはどうですか？）
女：いいですよ。私は水曜日の晩、時間があります。
A 時間がありますか？　B 揚げパンが食べたいです。
D あなたは何曜日に食べに行くのですか？

（2） A

男：テニスが本当にお上手ですね。
女：（いえいえ、まだまだです。）
男：私はあなたほど上手ではないです。
女：あなたもお上手ですよ。
B まぁまぁです。　C 私はテニスができます。
D ここではテニスをしてはいけません。

問3 （1）唱歌唱得好　（歌を歌うのが上手）
（2）做饭做得好　（料理をつくるのが上手）
（3）写字写得好　（字を書くのが上手）
（4）游泳游得好　（水泳［を泳ぐの］が上手）

問4 （1）姐姐比我（高）5 公分。　（姉が私より５センチ高いです。）
（2）朋友的鞋比我的贵（100）块。　（友だちの靴が私のより 100 元高いです。）
（3）今天比昨天（冷）两度。　（今日は昨日より２度寒いです。）
（4）我比妈妈（重）5 公斤。　（私は母より５キロ重いです。）

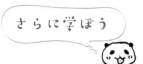

さらに学ぼう

自分の特徴を言う表現

前の課で学んだ［動詞＋得（de）＋形容詞］の形は「上手い／下手」の評価だけでなく、自分自身の特徴を言う場合にも使われます。対応する日本語と照らし合わせるといろいろと興味深いので見てみましょう。

wǒ shuō de kuài
我说得快　話すのが早い　→　早口
ウオ シュオ ドァ クワイ

chī de duō
吃得多　食べるのが多い　→　大食い
チー ドァ ドゥオ

chī de shǎo
吃得少　食べるのが少ない　→　少食
チー ドァ シャオ

pǎo de kuài
跑得快　走るのが早い　→　足が早い
パオ ドァ クワイ

日本語は「大食い」「少食」「早口」のように名詞で表すことが多いのに対し、中国語はどれも［動詞＋得（de）＋形容詞］の形をとって、動作が表現されているところが日本語と異なります。日本語よりも少々「生々しい」かもしれません。日常生活でよく使われる表現をもう１つ。

zhǎng de hǎo
长得好
チャアン ドァ ハオ

长（zhǎng）は「成長する」という意味。「上手に成長している→顔がいい」というわけです。

kuài **快**　速度が早い	zhǎng **长**　成長する（この字は読みが２つあり、cháng と読む場合は「長い」）

真（zhēn）って必要なの？

評価とか比較とか、一気に進みましたが、評価には比較がつきものなのですね。自分で「これはなかなかうまくいった」と思うことでも、上には上がいるわけで、それでまた自信をなくし、やめてしまうこともたくさんあります……。例文では、打得真好と、打得好がありましたが、真って、あってもなくてもいいのですか？　あると、程度が強調されるということでしょうか？

いや、じつはそんなに単純ではありません。打得真好と打得好は、使う場面が違いますし、意味もちょっと違うんです。単に程度の差だけではないです。

またややこしい話ですか……。どう違うのでしょう？

「じつに、すごく」という意味の真（zhēn）は、単に程度の高さを言っているだけでなく、「へぇ、たいしたもんだ、すごいわね」という感心の気持ちが込められています。なので、打得真好は「じつにうまい」という意味にとどまらず、「じつにうまいですね、すごいですね」という相手を賞賛するような「ね」の部分の意味も入っています。中国語は、文末助詞の「ね」「よ」にあたる語が少なく、真（zhēn）を使うことで、「ね」の意味を補っていると考えられます。

わかるような、わからないような……。どういう場面で使うんですか？

相手に感心したときなので、たとえば相手が目の前にいて、実際に何か動作をして見せた後に、それに対する褒め言葉として、打得真好！のように使うんです。

では、打得好はいつ使うんですか？

打得好において注目したいのは、好（hǎo）の前に程度を表す副詞が何もないことです。中国語は不思議な言語で、形容詞が単独で使われるとき、たとえば、我 高などは、「私が高い」という意味ではなく、「私は（誰か他の人よりは）高いほうです」という比較の意味が含まれます。打得好の好も「他の人に比べて上手なほうです」という意味になります。つまり、比較の意味があるのです。打得真好！に含まれる、相手に対する感心した気持ち（→ p.138）が打得好にはありません。打得好！は、「比較的上手だ、上手なほうだ」というニュアンスになります。

柱子

「倒れた」と「倒れている」は違うの？

私のまわりに、三度のご飯よりも言語学が好きな人たちがいます。言語学とはいったいどんな学問なのかはさておき（かなり退屈な話になるので）、そんな言語学が好きな方々はよく変な質問をしてきます。

以前、某大学言語学研究室のN先生から、「中国語では〝あっ、自転車が倒れているよ〟と言うとき、どう言うんですか？」という質問を受けました。

「**自行车倒了**（自転車が倒れた）です。」と答えると、

「〝倒れた〟のではなく〝倒れている〟という状態を相手に教えるときはどう言うのですか？」

とおっしゃるのです。私は「？？？」としばし思考停止に陥ったのち、

「えっ？　〝倒れた〟と〝倒れている〟って違うんですか？」

と逆に先生に質問し返しました。

外国人の私には日本語の「倒れた」と「倒れている」の区別がそもそも難しく……なぜなら、中国語には**倒了**。「倒れた」という言い方しかありません。つまり「倒れた」という概念しかないからです。「倒れている」ことと「倒れた」ことが違う概念であるというのは、直感では理解できません。

その日、いくら聞いても私が「**倒了**（ダオラー）」しか言わないので、N先生も少しがっかりしたように見えました。

「倒れた」しかない中国語の世界。「倒れたから、倒れている」を認識できる日本語の世界。言葉が違えば、世界も違って見えてくるのかもしれません。

第4章

時制から学ぶ中国語

第1課　私は昨日中国語を勉強しました。

時制とは、過去形や現在進行形といった、ある出来事がいつの時点で起きたのか、あるいは起きようとしているのか、起きているのかを示す文法形式のことを指します。日本語なら「～しました」、「～しているところです」などが時制の文法形式にあたりますが、中国語はそういった表現に乏しいのです。

たとえば、**我学汉语**「私が中国語を学ぶ」の一文は、**明天**（míng tiān）・**今天**（jīn tiān）・**昨天**（zuó tiān）の時間詞と自由に組み合わせるだけで異なる時制の表現ができます。

Wǒ míng tiān xué Hàn yǔ
❶**我 明天 学 汉语。**
ウオ ミィンティエン シュエ ハン ユィ
私は明日中国語を勉強します。

Wǒ jīn tiān xué Hàn yǔ
❷**我 今天 学 汉语。**
ウオ ジンティエン シュエ ハン ユィ
私は今日中国語を勉強します。

Wǒ zuó tiān xué Hàn yǔ
❸**我 昨天 学 汉语。**
ウオ ヅゥオティエン シュエ ハン ユィ
私は昨日中国語を勉強しました。

日本語では未来と現在のことはどちらも「～します」で表しますが、中国語も同様に、未来を表す文法形式は必要ありません（❶❷）。いっぽう、過去のことは日本語では「昨日中国語を勉強しました」と変化するのに対し、中国語は元のままです（❸）。

このように過去のことであっても、形が変わらないのは中国語の特徴といえます。

尊敬する中国語学の大先生が著書で、「中国語では愛が不変や」と呟いておられました。なぜなのか。野暮ですが、解説します。

Wǒ ài nǐ
我 爱 你。
ウオ アイ ニィ

私はあなたを愛します。(未来)にも
私はあなたを愛しています。(現在)にも
私はあなたを愛していました。(過去)にもなり得る!

我爱你(Wǒ ài nǐ)自体は形を変えることなく、上記の3通りの時制を表すことができるのです。ゆえに、「愛が不変」とのことだそうです。

出典:『中国語はじめの一歩』木村英樹(ちくま学芸文庫 2017年)

中国語には完了や変化を表す了(le)という語があります。多くの学習者がこちらの了(le)を過去形(日本語の「〜しました」と同じもの)として使っています。たとえば、

Wǒ ài shàng tā le
我 爱上 他 了。 私は彼を愛するようになりました。
ウオ アイ シャァン タァ ルァ

この文は、中国語的には「彼を愛していました」という過去の話ではなく、爱上(ài shàng)「好きになる」(→ p.161)に了(le)をつけることで「好きになった」という始まりの文なのです。文の最後に出てくる了(le)は、高い確率で動作や状態の始まりを意味します。

Xià yǔ le
下雨 了。 雨が降ってきました。
シア ユィ ルァ

これは、雨が「降った」ではなく「降り始めた」ということを示します。日本語なら「あっ、雨だ」というタイミングで使われるイメージです。中国語の時制を理解するうえでは、次の2点がとても大事です。

❶ 中国語は過去形が特に必要ではない(単語や文脈で判断するため)。
❷ 文の最後に了(le)があっても、過去のこととは限らない。

了(le)をつければ「過去形」にできると思われがちなのですが、了(le)には「変化」や「完了」などさまざまな用法があります。次の課からくわしく見ていきましょう。

第2課 私はご飯を食べ終わっています。

動作が完了して実現したことを表す
Wǒ
我
ウオ
chī
吃
チー
fàn
饭
ファン
le
了
ルァ
私
食べる
ご飯を
（前の動作が実現していることを表す）

まず、文の最後に了（le）をつける表現から見てみましょう。［主語＋動詞＋目的語＋了（le）］の形になります。

ここでの了（le）には「食事をすませてきたので、もう結構です」という意味が含まれています。文の最後に了（le）をつけることで、「食事はもうすんでいる」といったニュアンスが生まれ、過去に起きたことが今の状態に影響を及ぼしていることを伝えるはたらきをするのです。

もう１つ例文を見てみましょう。

Zuó tiān xià yǔ le
昨天 下雨 了。 昨日雨が降りました。
ヅゥオティエン シア ユィ ルァ

下雨（xià yǔ）は「雨が降る」という意味ですが、１語の動詞として覚えましょう。この例文は、日本語の「昨日雨が降りました」とは少しニュアンスが違っていて、話し手は現在に注目しています。濡れた地面や水溜りを目にして、「昨日雨が降ったんだ」と言っているニュアンスで、「雨が降るという出来事が昨日起こっている」ということを表現しています。ややこしいですが、過去の出来事が今に影響を及ぼしていることを伝えているのです。

では、次の文はどうでしょう？

Xià yǔ le
下雨 了。 雨が降ってきました。
シア ユィ ルァ

この文では、文末に了（le）がつくことで、「降雨という事態が発生した」→「雨が降り出した」ことを表します。ここでの了（le）は、**新しい事態が発生している**という意味合いが強いです。

否定文

否定の表現では、了（le）を消し、没（méi）を動詞の前に置きます。〔没＋動詞〕で「〜していません」を表します。没（méi）は、没有（méi you）「〜がない」と同じです（→ p.73）。「**吃饭**（食事）という出来事がない」→「起きていない」という意味になります。

Wǒ méi chī fàn
我 没 吃饭。 私はご飯を食べていません。
ウオ メイ チーファン

次の还没(hái méi)もよく否定で使われます。还(hái)「まだ」があることで、「まだ〜をしていない、起きていない」という意味が強まります。

Wǒ hái méi chī fàn
我 还没 吃饭。 私はまだご飯を食べていません。
ウオ ハイ メイ チーファン

疑問文

疑問文も見てみましょう。文末の了（le）はやはり現在に着目しているので、「何が起こったのか？」「どこに行ってきたのか？」といったことを尋ねる表現になります。

Nǐ qù nǎr le
你 去 哪儿 了？ あなたはどこに行ってきましたか？
ニィ チュィ ナァ アル ルァ

Wǒ qù Zhōng guó le
－我 去 中国 了。 私は中国に行ってきました。
ウオ チュィ ジゥンクゥオ ルァ

日本語の「中国に行きました」は過去のことですが、「中国に行ってきて、中国を見てきた」という経験が現在につながっていることまで伝わる表現になっています。

第3課 私は邦画を1本見ました。

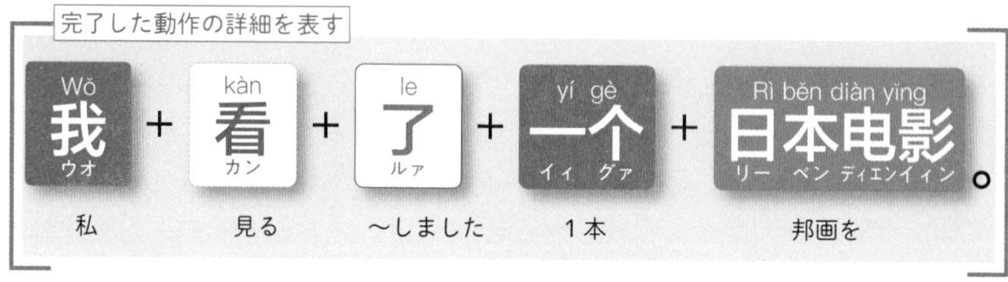

完了した動作の詳細を表す
Wǒ
我
ウオ
私
kàn
看
カン
見る
le
了
ルァ
～しました
yí gè
一个
イィ グァ
1本
Rì běn diàn yǐng
日本电影
リー ベン ディエンイィン
邦画を

この課では、**動詞の直後**に了（le）を置く［主語＋動詞＋了＋数量＋目的語］の文を取り上げます。動作対象を詳細に伝えながら動作が完了したことを言う表現です。次の❶と❷の２つの文をじっくり観察してみてください。

❶ 我 看 电影 了。（Wǒ kàn diàn yǐng le／ウオ カン ディエンイィン ルァ）　私は映画を見ました。

❷ 我 看 了 一个 日本电影（Wǒ kàn le yí gè Rì běn diàn yǐng／ウオ カン ルァ イィ グァ リー ベンディエンイィン）　私は邦画を１本見ました。

了（le）の位置は、❶では文末、❷では動詞の直後にあります。

❶ の了（le）は〈**事態の発生、変化**を表す〉

❷ の了（le）は〈**動作の完了**を表す〉

という役割をそれぞれ果たしています。

日本語に訳すとどちらの文も「～しました」なのですが、了（le）を文の最後に置く❶の文は「映画を見てきた（映画鑑賞という出来事が起こった）」ことを、ざっくり相手に伝えています。いっぽう、了（le）を動詞の直後に置く❷の文はかなり細かい話をしており、見た映画の詳細を相手に伝えようとしています。つまり、❶は**出来事全体**（映画鑑賞）、❷は**動作の対象**（見た作品）のことを伝えているのです。

動作の対象となる目的語（电影「映画」）について、相手にくわしく紹介したい場合は、了（le）を動詞の直後に置き［主語＋動詞＋了（le）＋数量＋目的語］の形にします。

同じ構造の例文をいくつか見てみましょう。

Wǒ hē le yì bēi rè de zhēn zhū nǎi chá
❶ **我 喝了 一杯 热的 珍珠奶茶。**
ウオ ホァ ルァ イィ ベイ ロァ ドァ ヂェンヂュウ ナイ チャア
私は熱いタピオカミルクティを１杯飲みました。

Wǒ kàn le yì běn Cūn shàng Chūn shù de xiǎo shuō
❷ **我 看了 一本 村上春树 的 小说。**
ウオ カン ルァ イィ ベン ツン シャァンチュンシュウ ドァ シアオシュオ
私は村上春樹の小説を１冊読み終わりました。

Wǒ tīng le yì shǒu Wáng Fēi chàng de gē
❸ **我 听了 一首 王菲 唱 的 歌。**
ウオ ティン ルァ イィ ショウ ワァンフェイ チャアン ドァ グァ
私はフェイ・ウォンが歌った曲を１曲聴きました。

ここで、❶〜❸の長い目的語の構造を見てみましょう。どの文も的（de）を使っていますが、それぞれ次のようなはたらきをしています。

❶ 形容詞と名詞をつなげて「〜という性質の…」の意味を表す。

❷ 名詞と名詞をつなげて「〜の」の意味を表す。

❸［動詞句＋的＋名詞］の形で「〜がした…」と連体修飾する。

「（人）に〜する」というような目的語を２つ使う文でも、了（le）を動詞の直後に置きます。

Wǒ wèn le lǎo shī yí gè hěn nán de wèn tí
我 问了 老师 一个 很 难 的 问题。
ウオ ウェンルァ ラオ シー イィグァ ヘン ナン ドァ ウェンティ
私は先生に１つ難しい質問をしました。

否定文

了（le）を動詞の直後に置く文では、否定形はありません。たとえば、没(méi) を動詞の前に置いて、否定の形にしてみても、

我没喝一杯热的珍珠奶茶。

→「私は熱いタピオカミルクティを１杯飲んでいません」

というおかしな文になります。飲んでいないお茶について、「熱い」「１杯」などと説明する必要はないので、否定文は存在しないのです。

第4章 時制から学ぶ中国語

第4課 私は２時間勉強しました。

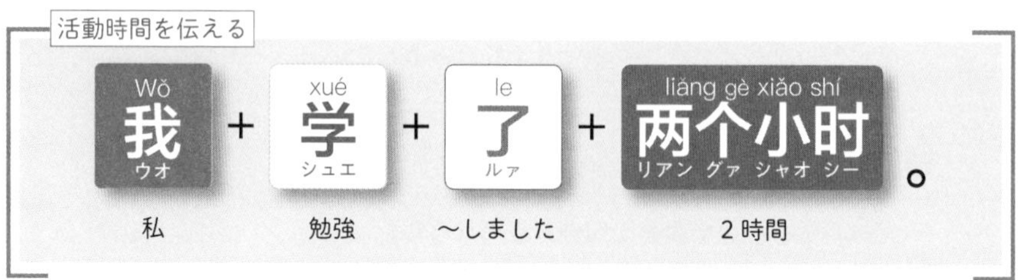

活動時間を伝える
Wǒ
我
ウオ
私
xué
学
シュエ
勉強
le
了
ルァ
～しました
liǎng gè xiǎo shí
两个小时
リアン グァ シャオ シー
２時間

次は、「～時間…していました」という表現を見てみましょう。活動時間を伝えることは、その多くは「これだけ長く～したんだよ」という労力を示すためのものですが、動作、活動を細かく伝えている点で、前の課と似ています。なので、了（le）は動詞の直後に来ます。

Wǒ xué le yì nián
我 学 了 一年。
ウオ シュエ ルァ イィ ニエン

私は１年間勉強しました。

そして、動詞の直後と文末の両方に了（le）が入る文もあります。

Wǒ xué le liǎng gè xiǎo shí le
我 学 了 两个 小时 了。 私はもう２時間勉強しています。
ウオ シュエ ルァ リアン グァ シャオ シー ルァ

２時間勉強したということ　が現時点で発生している。

という構造です。なお、了（le）が２つある場合、前の了（le）を省略できるので、**我学两个小时了**。と言うこともできます。了（le）が文末にあるとき、「～時間…しました」ではなく、「～時間…しています」という継続の意味になることに気をつけましょう。

目的語が2つある場合は、了（le）を動詞の直後に置き、次の語順となります。時間のほかに目的語がある場合、通常、時間の表現が前に来ます。

Wǒ xué le liǎng gè xiǎo shí Hàn yǔ
我 学 了 两个小时 汉语。私は2時間中国語を勉強しました。
ウオ シュエ ルァ リアン グァ シャオ シー ハン ユィ

疑問文

「何時間〜した？」と聞く場合は、几个小时（jǐ gè xiǎo shí）を使います。

Nǐ xué le jǐ gè xiǎo shí Hàn yǔ
你 学 了 几个小时 汉语？
ニィ シュエ ルァ ジィ グァ シャオ シー ハン ユィ
あなたは何時間中国語を勉強しましたか？

Wǒ xué le liǎng gè xiǎo shí Hàn yǔ
－我 学 了 两个小时 汉语。
ウオ シュエ ルァ リアン グァ シャオ シー ハン ユィ
私は2時間中国語を勉強しました。

期間をたずねる場合は、多长时间（duō cháng shí jiān）を使います。

Nǐ xué le duō cháng shí jiān Hàn yǔ
你 学 了 多长时间 汉语？
ニィ シュエ ルァ ドゥオチャアン シー ジエン ハン ユィ
あなたはどのくらい中国語を勉強しましたか？

Wǒ xué le jiǔ gè yuè Hàn yǔ
－我 学 了 九个月 汉语。
ウオ シュエ ルァ ジウ グァ ユエ ハン ユィ
私は9か月間中国語を勉強しました。

動作の時間を伝える文も否定形はありません。勉強していないのなら、時間がどうこうという話にならないからです。

第1～4課　練習問題

問1　以下の質問に中国語で答えてみましょう。

(1) 你昨天去哪儿了？ ______________________

(2) 你昨天吃什么了？ ______________________

(3) 你昨天干什么了？ ______________________

(4) 你昨天看什么了？ ______________________

問2　音声を聴いて、中国語の質問を書き取りましょう。

(1) ______________________________

(2) ______________________________

(3) ______________________________

(4) ______________________________

問3　以下の質問に否定形で答えてみましょう。

(1) 你今天去超市了吗？ ______________________

(2) 你今天吃饺子了吗？ ______________________

(3) 你今天学汉语了吗？ ______________________

(4) 你今天看书了吗？ ______________________

問4　以下の[　]内の文の正しい位置に**了**を1つ入れ、文を完成させましょう。

(1) [我 吃 一个 中国的油条]。 ______________________

(2) [我 喝 一杯 热的珍珠奶茶]。 ______________________

(3) [我 教 他 一首 日本的歌]。 ______________________

(4) [我 问 老师 一个 汉语的问题]。 ______________________

問5 以下の[　]内の文の正しい位置に了を1つ入れ、文を完成させましょう。

(1) [你 昨天 睡 多长时间 觉] ? ＿＿＿＿＿＿＿＿

(2) [你 学 多长时间 汉语] ? ＿＿＿＿＿＿＿＿

(3) [你 跑 多长时间 步] ? ＿＿＿＿＿＿＿＿

(4) [你 看 多长时间 电视] ? ＿＿＿＿＿＿＿＿

(2) の解答は2通りあります。

解答

問1 [解答例] (1) 我昨天去公司了。　(2) 我昨天吃饺子了。
(3) 我昨天洗衣服了。　(4) 我昨天看电视了。

問2 (1) 你昨天去哪儿了?　(2) 你昨天吃什么了?
(3) 你昨天干什么了?　(4) 你昨天看什么了?

問3 (1) 我今天没去超市。　(2) 我今天没吃饺子。
(3) 我今天没学汉语。　(4) 我今天没看书。

問4 (1) 我吃了一个中国的油条。
(2) 我喝了一杯热的珍珠奶茶。
(3) 我教了他一首日本的歌。
(4) 我问了老师一个汉语的问题。

問5 (1) 你昨天 睡 了 多长时间 觉?　(あなたは昨日何時間寝ましたか?)
＊睡觉「寝る」は VO 構造の動詞なので、[睡＋(時間)＋觉] の語順で、「どのぐらいの時間寝る」を表します。(3) 跑步も同様です。

(2) 你学了多长时间汉语? / 你学多长时间汉语了?
＊了を動詞の直後に置くと、(どのくらい中国語を勉強しましたか?)、文末に置くと、(中国語を勉強してどのくらいたちますか?) を表します。

(3) 你跑了多长时间步?　(あなたは何時間走りましたか?)

(4) 你看了多长时间电视?　(あなたは何時間テレビを見ましたか?)

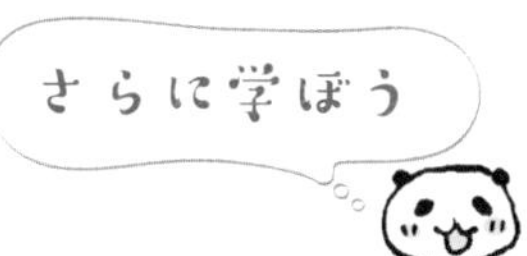

了を使ったフレーズ

ここで、日常でよく使う了（le）を使ったフレーズをまとめておきます。日本語に直訳しにくいのですが、非常に中国語らしいフレーズです。

Tīng dǒng le ma
听 懂 了 吗?
ティン ドォン ルァ マァ
聞いてわかりましたか？

Tīng dǒng le Méi tīng dǒng
－听 懂 了/没 听 懂。
ティン ドォン ルァ メイ ティン ドォン
（聞いて）わかりました。/わかりませんでした。

Kàn dǒng le ma
看 懂 了 吗?
カン ドォン ルァ マァ
見てわかりましたか？

Kàn dǒng le Méi kàn dǒng
－看 懂 了/没 看 懂。
カン ドォン ルァ メイ カン ドォン
（見て）わかりました。/わかりませんでした。

听懂（tīng dǒng）で、「聞いてわかる」、看懂（kàn dǒng）で、「見て（読んで）わかる」です。了（le）がついて、「聞いてわかりましたか（聞き取れましたか）？」、「見てわかりましたか（理解できましたか）？」を表します。

否定は、了（le）を消し、没（méi）をつけます。

Chī bǎo le ma
吃饱 了 吗?
チーバオ ルァ マァ
おなかいっぱいになりましたか？

Chī bǎo le Méi chī bǎo
－吃饱 了/没 吃饱。
チーバオ ルァ メイ チーバオ
おなかいっぱいになりました/なっていません。

吃饱了（chī bǎo le）は直訳すると、「食べた結果、おなかがいっぱいになった」です。中国人はもてなしの場面でお客さまに対して、吃饱了吗?（chī bǎo le ma）を頻発します。相手へのおもてなし精神を示す表現ですね。

否定は、学んできたとおり、了（le）を消して没（méi）をつけます。

日本語ではいちいち「聞いてわかりましたか？」「食べておなかいっぱいになりましたか？」とは言いませんが、中国語においてはかなり出現率が高いフレーズなので、丸ごと覚えておきましょう。

Dà jiā　kàn dǒng le ma
大家，看懂了吗?
ダァジア　カンドォンルァマァ
みなさん、わかりましたか？

「チンプンカンプン」の語源は？

ここで、１つ雑学を。みなさん、次の中国語を早口でくり返しつぶやいてみてください。

听不懂看不懂……
ティン ブゥ ドォン カン ブゥ ドォン

「ティンブゥドォン　カンブゥドォン」とくり返すうちに「チンプンカンプン」になってきませんか？

この２つのフレーズが日本語の「チンプンカンプン」の語源になったという説があります。**听不懂**（tīng bu dǒng）は「聞いてもわからない」**看不懂**（kàn bu dǒng）は「見てもわからない」。２つ合わせるとまさに「チンプンカンプン」ということですね。

……真相はいかに？

第5課 準備ができました。

中国語は日本語と違って、結果のみを表す動詞が少なく、動作の結果は多くの場合、［動詞＋結果補語］のフレーズで表します。

Zhǔn bèi hǎo le ma
准备好 了 吗？　準備できましたか？
ヂュワン ベイ ハオ ルァ マァ

Zhǔn bèi hǎo le / Hái méi zhǔn bèi hǎo
－准备好 了。/ 还没 准备好。
ヂュワン ベイ ハオ ルァ / ハイ メイ ヂュワン ベイ ハオ
準備ができました。/ まだ準備できていません。

好（hǎo）は本来は「よい、うまい」という意味の形容詞ですが、ここでは動詞の准备（zhǔn bèi）「準備する」の後ろに置かれ［動詞＋好］の形で、**結果補語**として使われています。好（hǎo）は前に来る動詞によって、おもに① ～を仕上げる　② きちんと～する　③ よくなる という意味になります（上の例文は①の意味）。

結果補語の例文をもう少し見てみましょう。看完（kàn wán）「見終わる」を使った例文ですが、日本語の言い方に近いですね。

Kàn wán le ma
看完 了 吗？　見終わりましたか？
カン ワン ルァ マァ

Kàn wán le / Hái méi kàn wán
－看完 了。/ 还没 看完。
カン ワン ルァ / ハイ メイ カン ワン
見終わりました。/ まだ見終わっていません。

次の例文はどうでしょうか？

Zhǎo dào　le　ma
找到 了 吗?　　見つけましたか？
ヂャオ ダオ　ルァ　マァ

Zhǎo dào　le　　Hái méi　zhǎo dào
－找到 了。/ 还没 找到。
ヂャオ ダオ　ルァ　　ハイ メイ　ヂャオ ダオ
見つけました。 / まだ見つけていません。

找到(zhǎo dào)で、「見つける」です。「探した(找)結果、たどり着いた(到)」という組み合わせです。

結果補語は日本語に直訳しづらいため、学習者を悩ませる文法事項の１つです。結果補語の感覚をつかむには、フレーズをどんどん覚えて使うことが一番の近道です。

以下に、よく使う［動詞＋結果補語］のフレーズをまとめてみました。

結果補語	動詞＋結果補語		
shàng 上 隙間が埋まる シャアン	kǎo shàng 考上 受かる カオシャアン	guān shàng 关上 閉める グワンシャアン	ài shàng 爱上 好きになる アイシャアン
hǎo 好① 仕上げる ハオ	xiě hǎo 写好 書き上げる シエハオ	zuò hǎo 做好 出来上がる ヅォウハオ	zhǔn bèi hǎo 准备好 整える ヂュンベイハオ
hǎo 好② しっかりと ハオ	xué hǎo 学好 しっかり学ぶ シュエハオ	zhàn hǎo 站好 しっかりと立つ ヂャンハオ	
dǒng 懂 わかる ドォン	tīng dǒng 听懂 聞いてわかる ティンドォン	kàn dǒng 看懂 見て（読んで）わかる カンドォン	
wán 完 し終わる ワン	xiě wán 写完 書き終わる シエワン	kàn wán 看完 見終わる カンワン	chī wán 吃完 食べ終わる チーワン
zhù 住 とどめる ヂュウ	jì zhù 记住 覚える ジィヂュウ		
bǎo 饱 満腹 バオ	chī bǎo 吃饱 食べて、満腹になった チーバオ		
jiàn 见 感知する ジエン	tīng jiàn 听见 聞こえる ティンジエン	kàn jiàn 看见 見える カンジエン	wén jiàn 闻见 においがする ウェンジエン
dào 到 たどりつく ダオ	zhǎo dào 找到 見つける ヂャオダオ	kàn dào 看到 目にする カンダオ	

第6課 私はご飯を食べ終わりました。

動作の結果を確認する表現

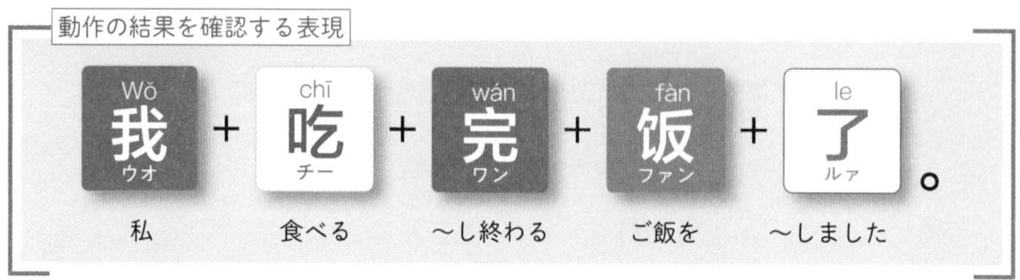

Wǒ 我 ウオ + chī 吃 チー + wán 完 ワン + fàn 饭 ファン + le 了 ルァ。
私
食べる
～し終わる
ご飯を
～しました

結果補語を用いた表現をもう少し続けましょう。今度は、目的語がある場合です。修飾語の有無によって了（le）の位置が変わります。

目的語に修飾語がついていなければ、上の例文のように［主語＋動詞＋結果補語＋目的語＋了（le）］」の語順になりますが、目的語の前に修飾語がつく場合は、了（le）を［動詞＋結果補語］の直後に置きます。

Wǒ yǐ jīng kàn wán le nèi ge Rì běn diàn yǐng
我 已经 看完 了 那个 日本 电影。
ウオ イィジィン カンワン ルァ ネイグァ リーベン ディエンイィン
動詞＋結果補語
修飾語
目的語

私はすでにあの邦画を見終わりました。

否定文

否定文はこれまで通り、了（le）を消し、没（méi）を動詞の前に置きます。

Nǐ kàn wán nèi běn shū le ma
你 看完 那本 书 了 吗？
ニィ カンワン ネイベン シュウ ルァ マァ

あなたはその本を読み終わりましたか？

Wǒ hái méi kàn wán nèi běn shū
－我 还没 看完 那本 书。
ウオ ハイメイ カンワン ネイベン シュウ

私はまだその本を読み終わっていません。

モノの状態を説明する表現

ここで、もう一種類の〔動詞＋結果補語〕を用いた文を取り上げましょう。

Yī fu　xǐ gān jìng　le
衣服 洗干净 了。　服は洗ってきれいになりました。
イィ フゥ　シィ ガンジィン　ルァ

この文の特徴は、主語の位置にある「衣服」が、「洗う」という動作の対象となっている点です（服は本来「洗われるモノ」で「服が洗う」とは言わないですよね）。この文は洗った人を登場させず、動作対象（衣服）の状態だけを話題にする文なのです。

結果補語の位置にある干净（gān jìng）「きれい」は、衣服の状態を表しています。こうした〔動作対象＋動詞＋結果補語＋了（le）〕の形は、中国語に多く見られます。

以下は異なる動詞の例文ですが、要するに主語の「茶碗」「部屋」が「きれいになった」ことを表しているのです。

Wǎn　yě　xǐ gān jìng　le
碗 也 洗干净 了。　茶碗も洗ってきれいになりました。
ワン　イエ　シィ ガンジィン　ルァ

Fáng jiān　dǎ sǎo　gān jìng　le
房间 打扫 干净 了。　部屋は掃除してきれいになりました。
ファアンジエン　ダァ サオ　ガンジィン　ルァ

次の２つの文もドアが「開いた」ことにフォーカスしていますが、動詞が異なることで、「どのようにして開いたか」まで伝えることができます。

Mén　tuī kāi　le
门 推开 了。
メン　トゥイ カイ　ルァ
ドアは押して開きました。

↔

Mén　lā kāi　le
门 拉开 了。
メン　ラァ カイ　ルァ
ドアは引いて開きました。

第4章 時制から学ぶ中国語

第５～６課　練習問題

問１　日本語を参考に（　　）内に入る**結果補語**を下の［　　］の中から１つずつ選んで、文を完成させましょう。

(1) 听（　　）老师的汉语了。　先生の中国語が聞き取れました。

(2) 吃（　　）晚饭了。　晩ご飯を食べ終わりました。

(3) 考（　　）大学了。　大学に受かりました。

(4) 准备（　　）资料了。　資料を整えました。

［好／上／懂／完］

練習　音声を聴いて、リピートしてみましょう。

問２　日本語を参考に（　　）内に入る**動詞**を下の［　　］の中から１つずつ選んで、文を完成させましょう。

(1) 衣服（　　）干净了。　服が（洗って）きれいになりました。

(2) 房间（　　）干净了。　部屋が（掃除して）きれいになりました。

(3) 门（　　）开 了。　ドアが（押して）開きました。

［打扫／洗／推］

練習　音声を聴いて、リピートしてみましょう。

問３　次の質問に対し、肯定と否定の答えをそれぞれ書きましょう。

(1) 你看懂了吗？

［肯定］＿＿＿＿＿＿＿＿＿＿　［否定］＿＿＿＿＿＿＿＿＿＿

(2) 你吃饱了吗？

［肯定］＿＿＿＿＿＿＿＿＿＿　［否定］＿＿＿＿＿＿＿＿＿＿

(3) 你记住这个单词了吗？

[肯定]＿＿＿＿＿＿＿＿＿＿ [否定]＿＿＿＿＿＿＿＿＿＿

(4) 你找到手机了吗？

[肯定]＿＿＿＿＿＿＿＿＿＿ [否定]＿＿＿＿＿＿＿＿＿＿

問 4 了が抜けている場合、了を正しい位置に入れ、文を完成させましょう（抜けていない場合はそのままで）。

(1) 我看完一本汉语的书。＿＿＿＿＿＿＿＿＿＿

(2) 他已经考上大学。＿＿＿＿＿＿＿＿＿＿

(3) 我还没打扫完房间。＿＿＿＿＿＿＿＿＿＿

(4) 你修好电脑吗？＿＿＿＿＿＿＿＿＿＿

解答

問 1 （1）懂　（2）完　（3）上　（4）好

問 2 （1）洗　（2）打扫　（3）推

問 3 （1）[肯定] 我看懂了。　[否定] 我没看懂。
（2）[肯定] 我吃饱了。　[否定] 我没吃饱。
（3）[肯定] 我记住这个单词了。　[否定] 我没记住这个单词。
（4）[肯定] 我找到手机了。　[否定] 我没找到手机。

問 4 （1）我看完了一本汉语的书。　（私は中国語の本を１冊読み終えました。）
（2）他已经考上大学了。　（彼はすでに大学に受かりました。）
（3）我还没打扫完房间。　（私はまだ部屋を掃除し終わっていません。）
（4）你修好电脑了吗？　（あなたはパソコンを直しましたか？）

第7課 私はその本をすべて読み終わりました。

「〜を…した」という表現
Wǒ 我 ウオ + bǎ 把 バァ + nèi běn shū 那本书 ネイ ベン シュウ + dōu 都 ドウ + kàn wán le 看完了 カン ワン ルァ。
私
〜を
その本
すべて
読み終える

前置詞の把(bǎ)「〜を」を使えば、中国語と日本語の語順が同じになり、「〜を…しました」という表現になります。この文は、**把構文**と呼ばれています。**把構文**では目的語が動詞の前に来て、〔主語＋把（bǎ）＋目的語＋動詞〕の語順になります。２つの例文で比べてみましょう。

❶ 我 看完 那本书 了。
Wǒ kàn wán nèi běn shū le
ウオ カン ワン ネイ ベン シュウ ルァ
私はその本を読み終わりました。

❷ 我 把 那本书 都 看完 了。
Wǒ bǎ nèi běn shū dōu kàn wán le
ウオ バァ ネイ ベン シュウ ドウ カン ワン ルァ
私はその本をすべて読み終わりました。

❶は、通常の語順〔主語＋動詞＋目的語〕で、「本を読み終えた」ということだけを伝えています。いっぽう、❷は「その本に関しては、私が全部読み終えたんだぞ」といった、本に対する話者の思いが少し込められています。

もう１つ例文を見てみましょう。

❶ 他 准备好 会议 的 资料 了。
Tā zhǔn bèi hǎo huì yì de zī liào le
タァ ヂュン ベイ ハオ ホゥイ イィ ドァ ヅー リアオ ルァ
彼は会議の資料を準備しました。

❷ 他 把 会议 的 资料 都 准备好 了。
Tā bǎ huì yì de zī liào dōu zhǔn bèi hǎo le
タァ バァ ホゥイ イィ ドァ ヅー リアオ ドオ ヂュン ベイ ハオ ルァ
彼は会議の資料をすべて準備しました。

会議の資料といえば、作成するのは面倒なイメージがありますが、❷の**把構文**には「彼がその面倒な資料を、すべて整えたんです」という意味が込められています。通常の語順の文❶では「資料ができました」くらいのニュアンスの文になります。

疑問文と否定文

疑問文は、文末に吗（ma）を置いてつくります。

Nǐ bǎ zhèi xiē dān cí dōu jì zhù le ma
你 把 这些 单词 都 记住 了 吗?
ニィ バァ ヂェイ シエ ダン ツー ドオ ジィ ヂュウ ルァ マァ
あなたはこれらの単語をすべて覚えましたか？

Hái méi jì zhù
– 还没 记住。 まだ覚えていません。
ハイ メイ ジィ ヂュウ

否定文は、没（méi）を用いますが、**把構文**の場合、文法的には問題ないのですが、少し不自然な文になります。

Wǒ méi bǎ zhèi xiē dān cí jì zhù
我 没 把 这些 单词 记住。
ウオ メイ バァ ヂェイ シエ ダン ツー ジィ ヂュウ
私はこれらの単語を覚えていません。

難しい本を全部読み終えたり、あるいは面倒な会議資料をすべて整えたりしたときの達成感こそ、把（bǎ）の文が伝えたいものです。否定文にするということは、やり終えていないわけで、達成感がないため、把（bǎ）の出番ではないのです。なので否定文では、通常の［主語＋動詞＋目的語］の語順で

Wǒ hái méi jì zhù zhèi xiē dān cí
我 还没 记住 这些 单词。
ウオ ハイ メイ ジィ ヂュウ ヂェイ シエ ダン ツー
私はまだこれらの単語を覚えていません。

と言うのが自然です。

第8課 私はパソコンを直しました。

「～を…の状態にした」という表現
Wǒ 我 ウオ + bǎ 把 バァ + diàn nǎo 电脑 ディエン ナオ + xiū hǎo 修好 シウ ハオ + le 了 ルァ。
私は
～を
パソコン
直す
～しました

把（bǎ）を使った表現をもう少し見ていきましょう。次の２つの文を比べてみてください。

❶ 衣服 洗 干净 了。（Yī fu xǐ gān jìng le／イィ フゥ シィ ガン ジィン ルァ）
服は洗ってきれいになりました。

❷ 我 把 衣服 洗 干净 了。（Wǒ bǎ yī fu xǐ gān jìng le／ウオ バァ イィ フゥ シィ ガン ジィン ルァ）
私は服を洗ってきれいにしました。

❶はモノが主語の位置にあってその状態を説明した表現 （→ p.163）、❷はその先頭に我 把がついています。これによって「服をきれいにしたのは自分だ」と言うことを明らかにすることができます。

もう少し例を出しましょう。

电脑 修好 了。（Diàn nǎo xiū hǎo le／ディエンナオ シウ ハオ ルァ）
パソコンは直りました。

我 把 电脑 修好 了。（Wǒ bǎ diàn nǎo xiū hǎo le／ウオ バァ ディエンナオ シウ ハオ ルァ）
私はパソコンを直しました。

上の文から下の文への書き換えは何を意味するのでしょうか。

「パソコンが（修理されて）直りました」

↓

「私が、パソコンを、直しました」

意味はさほど変わらないものの、下の文は「私が、パソコンの状態を変化させた」という意味が加わっています。

このように把(バー)構文は、目的語となる**動作対象の状態を人間が変化させることを表す**のに適した文です。たとえば、次の文は「ドアが閉まっている」と同時に、それは「私」の行為による結果だということもわかります。

Wǒ bǎ mén guān shàng le
我 把 门 关上 了。 私はドアを閉めました。
ウオ バァ メン グアンシャァン ルァ

次は「やらかしてしまった」という失敗や、「被害を与える」ことを表す文を見てみましょう。

Wǒ bǎ gē ge de shǒu jī nòng huài le
我 把 哥哥 的 手机 弄坏 了。
ウオ バァ グァ グァ ドァ ショウ ジィ ノォンホワイ ルァ
私は兄の携帯電話を壊しました。

坏（huài）は「壊れる」、弄（nòng）は「いじる」です。弄坏で「いじって壊れる」＝「壊す」という意味になります。

Xiǎo tōu bǎ lǎo nǎi nai de qián bāo tōu zǒu le
小偷 把 老奶奶 的 钱包 偷走 了。
シアオ トウ バァ ラオ ナイ ナイ ドァ チエン バオ トウ ズォウ ルァ
泥棒はおばあさんの財布を盗んでいきました。

走（zǒu）は、結果補語 （→ p.161）のはたらきをして「〜した結果、いなくなる / なくなる」という意味です。偷走（tōu zǒu）は直訳すると「盗んで、なくなる」ですが、「盗まれる」に近いニュアンスになります。

第9課 私のイヤホンは壊されました。

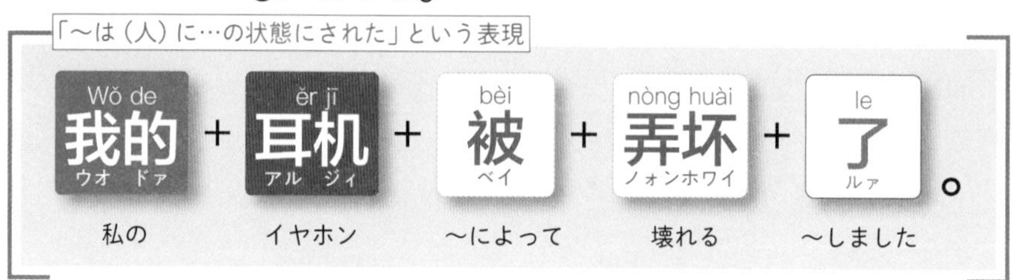

「～は（人）に…の状態にされた」という表現
Wǒ de
我的
ウオ ドァ
私の
ěr jī
耳机
アル ジィ
イヤホン
bèi
被
ベイ
～によって
nòng huài
弄坏
ノォンホワイ
壊れる
le
了
ルァ
～しました

次は、動作対象（動作をされたほう）を主語の位置に置いて、対象が受けた被害や変化を表す文を見てみましょう。いわゆる受け身の形になります。

Wǒ de lán yán ěr jī bèi gē ge nòng huài le
我的 蓝牙耳机 被 哥哥 弄坏 了。
ウオ ドァ ランイエンアル ジィ ベイ グァ グァ ノォンホワイ ルァ
私のブルートゥースイヤホンは兄に壊されました。

被(bèi)は「～によって」を表す前置詞です。被 哥哥(bèi gē ge)「兄によって」で、被害をもたらした動作主を表します。

中国語の受け身文は、［主語（動作対象）＋被＋（動作主）＋動詞＋結果補語＋了］の語順でつくり、動作主が不明の場合は、その部分を省略できます。

Wǒ de lán yán ěr jī bèi nòng huài le
我的 蓝牙耳机 被 弄坏 了。
ウオ ドァ ランイエンアル ジィ ベイ ノォンホワイ ルァ
私のブルートゥースイヤホンは（いじられて）壊されました。

次の例文も見てみましょう。

Wǒ de lán yán ěr jī bèi mèi mei yòng huài le
我的 蓝牙耳机 被 妹妹 用坏 了。
ウオ ドァ ランイエンアル ジィ ベイ メイ メイ ヨン ホワイ ルァ
私のブルートゥースイヤホンは妹に（使われて）壊されました。

Wǒ de lán yán ěr jī bèi bà ba xiū huài le
我的 蓝牙耳机 被 爸爸 修坏 了。
ウオ ドァ ランイエンアル ジィ ベイ バァ バァ シウ ホワイ ルァ
私のブルートゥースイヤホンは（修理しようとした）父に壊されました。

これらの文は「誰に」壊されたかということ以外に、イヤホンが壊れた理由も記されています。

弄坏（nòng huài）が「いじったら壊れた」を表すのに対して、用坏（yòng huài）は「使ったら壊れた」、修坏（xiū huài）は「修理していたら壊れた」→「壊す」となります。

日本語は単に「壊された」で十分で、「使って壊された」とか「修理して壊された」のようには言いませんが、中国語ではシンプルな「壊された」という表現はなく、具体的な動作を加える必要があります。

もう一つ、被（bèi）の文の例を紹介します。次は、「自転車を持って行かれた、なくなっている」ことに対応する中国語の文を見てみましょう。具体的な動作（原因）によっていろいろな文をつくることができます。

Wǒ de zì xíng chē bèi mā ma qí zǒu le
我的 自行车 被 妈妈 骑走 了。
ウオ ドァ ヅーシィンチョァ ベイ マァ マァ チィヅォウ ルァ
私の自転車は母に乗って行かれました。

Wǒ de zì xíng chē bèi xiǎo tōu tōu zǒu le
我的 自行车 被 小偷 偷走 了。
ウオ ドァ ヅーシィンチョァ ベイ シアオトウ トウヅォウ ルァ
私の自転車は泥棒に盗まれました。

Wǒ de zì xíng chē bèi xún jǐng tuī zǒu le
我的 自行车 被 巡警 推走 了。
ウオ ドァ ヅーシィンチョァ ベイ シュインジィン トゥイヅォウ ルァ
私の自転車はお巡りさんに持って行かれました。

やはり、どういう原因でなくなったのかを動詞の骑（qí）「乗る」、偷（tōu）「盗む」、推（tuī）「押す」によって具体的に表現しています。

このように、中国語の受け身文は「どんな動作によって（動詞）＋どうなったか（結果補語）」の両方を言わなければなりません。

第7～9課　練習問題

問1　例にならい、下の文を把構文に書き換えましょう。

例　**我吃完饭了。→ 我把饭吃完了。**

（1）我看完那本书了。　＿＿＿＿＿＿＿＿

（2）我准备好会议的资料了。　＿＿＿＿＿＿＿＿

（3）我记住这些单词了。　＿＿＿＿＿＿＿＿

（4）我修好电脑了。　＿＿＿＿＿＿＿＿

（5）我弄坏手机了。　＿＿＿＿＿＿＿＿

問2　（1）～（5）の状況のときに、AとBのどちらが適切かを選びましょう。

（1）難解さで有名な本を全部読み終えたことを友だちに自慢したいとき

A　我看完那本书了。　B　我把那本书看完了。

（2）上司に会議資料を準備できているかと聞かれ「できている」と答えるとき

A　我准备好会议的资料了。B　我把会议的资料准备好了。

（3）難しい単語をやっとの思いで暗記できたことを先生に報告するとき

A　我记住这些单词了。　B　我把这些单词记住了。

（4）依頼のあった客に修理が完了したことを電話で知らせるとき

A　我修好电脑了。　B　我把电脑修好了。

（5）携帯を壊して落ち込んでいるときに、友だちに「どうしたの？」と聞かれたとき

A　我弄坏手机了。　B　我把手机弄坏了。

問3 日本語を参照に、（　　）に入る動詞を書き入れましょう。

（1）我的自行车被妈妈（　　）走了。

私の自転車は母に乗って行かれました。

（2）我的自行车被小偷（　　）走了。

私の自転車は泥棒に盗まれました。

（3）我的自行车被巡警（　　）走了。

私の自転車はお巡りさんに持って行かれました。

（4）我想买的自行车被人（　　）走了。

私が買いたかった自転車はほかの人に買って行かれました。

練習 音声を聴いて、リピートしてみましょう。

解答

問1（1）我把那本书看完了。

（2）我把会议的资料准备好了。

（3）我把这些单词记住了。

（4）我把电脑修好了。

（5）我把手机弄坏了

問2（1）B　（2）A　（3）B　（4）A　（5）A

＊Aの通常語順［主語＋動詞＋目的語］の文とBの把（バー）構文は、相互に書き換えることができますが、まったく同じ意味であるというわけではありません。AとBの使い分けは個人差もあり、解答は絶対的なものではありません。中国語話者に答えさせたら、判断が別れる問題もあるでしょう。しかし、それでも傾向はあると思います。すなわち、動作対象になるモノにフォーカスし、それをトピックとして会話が展開されているなら、把構文になる可能性が高いです。いっぽう、動作対象のモノがフォーカスされておらず、単に出来事の報告で、「～が完了しました、～を直しました」などと言うときは、通常の語順の文になりやすいと覚えておいてください。

問3（1）骑　（2）偷　（3）推（4）买

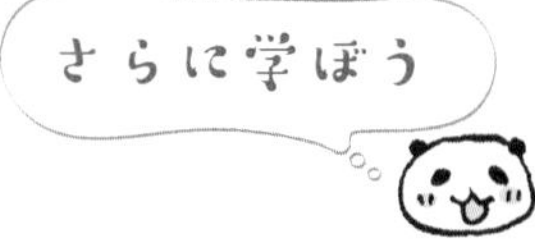

［動詞＋得／不＋結果補語」の例文

ここまで［動詞＋結果補語］の形のフレーズがたくさん出てきました。多すぎて覚えきれないというのが正直な感想ではないかと思います。

听懂（tīng dǒng）・找到（zhǎo dào）・看完（kàn wán）・洗干净（xǐ gàn jìng）のような［動詞＋結果補語］のフレーズは本当に使用頻度が高く、さまざまな種類の文に現れてきます。一度に覚える必要はまったくないので徐々に慣れていきましょう。

［動詞＋結果補語＋了（le）］の文はすでに見ましたが（→ p.162）、ここでもう１つ、［動詞＋得（de）／不（bù）＋結果補語］「〜できる／〜できない」を紹介しましょう。以下に例をあげます。

Tīng dǒng
听懂。 聞いてわかる → Tīng de dǒng / Tīng bu dǒng **听得懂／听不懂。**
ティン ドォン → ティン ドァ ドォン　ティン ブゥ ドォン
聞いて理解することができる／できない。

Kàn dǒng
看懂。 見てわかる → Kàn de dǒng / Kàn bu dǒng **看得懂／看不懂。**
カン ドォン → カン ドァ ドォン　カン ブゥ ドォン
見て理解することができる／できない。

つくり方と意味がわかりましたか？「動詞＋結果」の間に得（de）を入れることで、「結果の状態にできる」ことを表します。

これは、可能を表す助動詞の能（néng）「（条件的、環境的に）〜ができる」（→ p.108）、会（huì）「〜をマスターしている」（→ p.109）の２つに加え、３つめの可能形となります。この３つは使う場面や、表す意味がすべて異なるため、中国語の話者以外にはなかなか使い分けが難しいものです。徐々に感覚をつかんでいきましょう。

目的語の位置について

中国語では目的語の位置がいろいろ変わるので、混乱されている方も多いかもしれません。目的語の位置が動詞の前か、後ろかで意味が変わってくる例を整理しておきましょう。

❶〔主語＋動詞＋結果補語＋目的語＋了〕

Wǒ kàn wán nèi běn shū le
我 看完 那本书 了。 私はその本を読み終わりました。
ウオ カンワン ナァベンシュウ ルァ

→ 動作の完了を表す

❷〔主語（本来の目的語）＋動詞＋結果補語＋了〕

Yī fu xǐ gān jìng le
衣服 洗干净 了。 服は洗ってきれいになりました。
イィフゥ シィガンジィン ルァ （服は洗われてきれいになった）

→ 目的語（動作の対象）の状態を表す

❸〔主語＋把＋目的語＋動詞＋結果補語＋了〕

Wǒ bǎ zī liào zhǔn bèi hǎo le
我 把 资料 准备好 了。 私は資料を準備しました。
ウオ バー ヅーリアオ ヂュンベイハオ ルァ （私が資料をしっかり準備した）

→ 主語が目的語（動作の対象）の状態を変化させたことを表す

❷と❸はどちらも動詞の前に目的語が置かれますが、動作をしている人を言う（❸）か言わないか（❷）で違いが生まれています。
「ドアが閉まりました」
「私がドアを閉めました」
のような違いとイメージしてください。

第10課 私は8時半に学校に来ました。

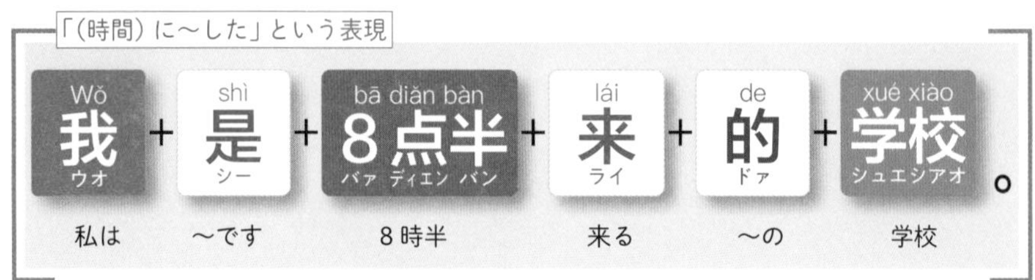

「(時間) に～した」という表現
Wǒ 我 ウオ + shì 是 シー + bā diǎn bàn 8点半 バァ ディエン バン + lái 来 ライ + de 的 ドァ + xué xiào 学校 シュエシアオ。
私は ～です 8時半 来る ～の 学校

この課では、起きた出来事の時間や場所を表す［是（shì）～的（de）］の文を見ていきましょう。［主語＋是(shì)＋時間＋動詞＋的(de)＋目的語］で、「何時に～をした」を表します。目的語を言う場合は、的(de)の後に置きます。

Nǐ shì jǐ diǎn lái de xué xiào
你 是 几点 来 的 学校？
ニィ シー ジィディエン ライ ドァ シュエシアオ
あなたは何時に学校に来たのですか？

Wǒ shì bā diǎn bàn lái de xué xiào
－我 是 8点半 来 的 学校。
ウオ シー バァディエンバン ライ ドァ シュエシアオ
私は8時半に学校に来ました。

Nǐ shì shén me shí hòu qù de Zhōng guó
你 是 什么 时候 去 的 中国?
ニィ シー シェン マ シー ホウ チュィ ドァ ヂォングゥオ
あなたはいつ中国に行ったのですか？

Wǒ shì qù nián èr yuè qù de Zhōng guó
－我 是 去年 二月 去 的 中国。
ウオ シー チュィニエン アル ユエ チュィ ドァ ヂォングゥオ
私は去年２月に中国に行きました。

是（shì）と目的語は次のように省略されることが多いです。

Nǐ jǐ diǎn lái de
你 几点 来 的? あなたは何時に来たのですか？
ニィ ジィディエン ライ ドァ

否定文

否定文は、不是（bú shì）を使って、［主語＋不是（bú shì）＋時間＋動詞＋的（de）＋目的語］の形となり、「～をしたのは…（時間）ではない」ことを伝えます。不是（bú shì）が一語で、「～ではない」という否定を表すので、否定の場合、是（shì）は省略されません。

Wǒ bú shì shàng gè xīng qī jiè de zhèi běn shū
我 不是 上个星期 借 的 这本书。
ウオ ブゥ シー シャアン グァ シィンチィ ジエ ドァ ヂェイ ベン シュウ
私は先週この本を借りたのではありません。

場所を表す

［是（shì）～的（de）］の構文に、［在（zài）＋場所］を入れることで、起きた出来事の場所を伝える文をつくることができます。

Nǐ shì zài nǎr kàn de zhèi ge diàn yǐng
你 是 在 哪儿 看 的 这个 电影?
ニィ シー ヅァイ ナァ アル カン ドァ ヂェイ グァ ディエンイィン
あなたはどこでこの映画を見たのですか？

Wǒ shì zài diàn yǐng yuàn kàn de
－我 是 在 电影院 看 的。 私は映画館で見たのです。
ウオ シー ヅァイ ディエンイィンユエン カン ドァ

是（shì）と目的語は省略できますが、的（de）だけは必ず残します。

Wǒ zài diàn yǐng yuàn kàn de
－我 在 电影院 看 的。 私は映画館で見たのです。
ウオ ヅァイ ディエンイィンユエン カン ドァ

否定文では、起きたことの場所（どこで起きたのか）を否定します。

Nǐ shì zài Zhōng guó mǎi de zhèi běn shū ma
你 是 在 中国 买 的 这本书 吗?
ニィ シー ヅァイ ヂォングゥオ マイ ドァ ヂェイ ベン シュウ マァ
あなたは中国でこの本を買ったのですか？

Wǒ bú shì zài Zhōng guó mǎi de zhèi běn shū
－我 不是 在 中国 买 的 这本书。
ウオ ブゥ シー ヅァイ ヂォングゥオ マイ ドァ ヂェイ ベン シュウ
私は中国でこの本を買ったのではありません。

第11課 私は友だちとご飯を食べました。

起きた出来事の詳細を述べる
Wǒ
我
ウオ
私は
shì
是
シー
～です
gēn péng you
跟朋友
ゲン ポン ヨウ
友だちと
chī de fàn
吃的饭
チー ドァ ファン
ご飯を食べた
。

この課では、起きた出来事の参加者や相手などの詳細を表す言い方を見て見ましょう。［主語＋是（shì）＋〈跟（gēn）＋人〉＋〈動詞＋的（de）＋目的語〉］となります。

Nǐ shì gēn shéi yì qǐ qù de Zhōng guó
你 是 跟 谁 一起 去 的 中国?
ニィ シー ゲン シェイ イィ チィ チュィ ドァ ヂォングゥオ
あなたは誰と一緒に中国に行ったのですか？

Wǒ shì gēn wǒ péng you yì qǐ qù de Zhōng guó
－我 是 跟 我朋友 一起 去 的 中国。
ウオ シー ゲン ウオ ポン ヨウ イィ チィ チュィ ドァ ヂォングゥオ
私は友だちと一緒に中国に行きました。

Tā shì gēn shéi jié de hūn
他 是 跟 谁 结的婚? 彼は誰と結婚したのですか？
タァ シー ゲン シェイ ジエ ドァ ホゥン

Tā shì gēn tóng xué jié de hūn
－他 是 跟 同学 结的婚。 彼は同級生と結婚しました。
タァ シー ゲン トォンシュエ ジエ ドァ ホゥン

结婚（jié hūn）は一語ですが、［動詞＋目的語］の構造をもったVO動詞（→ p.65）のため、間に的（de）が入って结的婚となります。

次の散步（sàn bù）も同様です。

Wǒ shì gēn mā ma yì qǐ sàn de bù
我 是 跟 妈妈 一起 散的步。
ウオ シー ゲン マァ マァ イィ チィ サン ドァ ブゥ
私は母と一緒に散歩をしました。

動作の手段を表す

次に用いた道具、材料などを表す表現を見てみましょう。［主語＋是（shì）］と動詞の間に、［用（yòng）＋物」を置くことで、動作や行為がどのような手段によって成し遂げられたのかを伝えることができます。「〜を使って…をしました」という文になります。

Wǒ shì yòng xìn yòng kǎ zhī fù de
我 是 用 信用卡 支付 的。
ウオ シー ヨン シン ヨン カァ ヂー フゥ ドァ
私はクレジットカードで支払いました。

疑問文

「どのように〜？」と動作の手段を聞くには、疑問詞の怎么（zěn me）を使います。

Nǐ shì zěn me qù de Dōng jīng
你 是 怎么 去 的 东京?
ニィ シー ヅェン マ チュィ ドァ ドォンジィン
あなたはどのように東京に行ったのですか？

Wǒ shì zuò fēi jī qù de Dōng jīng
－我 是 坐 飞机 去 的 东京。
ウオ シー ヅゥオ フェイ ジィ チュィ ドァ ドォンジィン
私は飛行機で東京に行きました。

「これは誰が〜したのですか」と動作を行った人について聞きたいときは［这是（zhè shì）＋谁（shéi）＋動詞＋的（de）＋（目的語）］となります。

Zhè shì shéi shuō de
这是 谁 说 的? これは誰が言ったのですか？
ヂョア シー シェイ シュオ ドァ

Zhè shì tā shuō de
－这是 他 说 的。 これは彼が言いました。
ヂョア シー タァ シュオ ドァ

第4章 時制から学ぶ中国語

第 10 ～ 11 課　練習問題

問 1　(1) ～ (4) が正しい文となるよう、(　　) の中に **了** または **的** を書き入れ、日本語に訳しましょう。

(1) 你吃午饭（　）吗？ ____________________

(2) 我吃午饭（　）。 ____________________

(3) 你是几点吃（　）午饭？ ____________________

(4) 我是 12 点半吃（　）。 ____________________

練習　音声を聴いて、リピートしてみましょう。

問 2　(　　) の中に入る語を、下の [　　] の中から 1 つずつ選びましょう。

(1) 我是在（　　　）借的这本书。

(2) 我是在（　　　）吃的午饭。

(3) 我是在（　　　）看的这个电影。

(4) 我是在（　　　）找到的钱包。

[电影院 / 车站 / 图书馆 / 家里]

練習　音声を聴いて、リピートしてみましょう。

問 3　(　　) の中に入る語を、下の [　　] の中から 1 つずつ選びましょう。

(1) 我是（　）飞机去的北京。

(2) 我是（　）汉语告诉他的。

(3) 我是（　）新闻知道的这件事。 ＊新闻（xīn wén）「ニュース」

(4) 我是（　）我朋友一起吃的饭。

[跟 / 坐 / 看 / 用]

練習　音声を聴いて、リピートしてみましょう。

問4 下の A（答え）の文にふさわしい質問を中国語で書きましょう。

（1）Q:______________________________

A: 我是用现金支付的。

（2）Q:______________________________

A: 我是跟我妈妈一起散的步。

（3）Q:______________________________

A: 我昨天是两点睡的。

（4）Q:______________________________

A: 我是骑自行车去的超市。

第4章 時制から学ぶ中国語

解答

問1 （1）了　あなたは昼食を食べましたか？
（2）了　私は昼食を食べました。
（3）的　あなたは何時に昼食を食べたのですか？
（4）的　私は 12 時半に食べたのです。

問2 （1）图书馆（2）家里　（3）电影院　（4）车站
＊この問題の解答は1つとは限らず、ここに示した以外の解答も十分考えられます。たとえば、（2）に车站を入れ、（4）に家里を入れることも可能です。

問3 （1）坐　（私は飛行機で北京に行きました。）
（2）用　（私は中国語で彼に伝えました。）
（3）看　（私はニュースでこのことを知りました。）
（4）跟　（私は友だちと一緒に食事をしました。）

問4 （1）你是怎么支付的？　（あなたはどうやって支払ったのですか？）
（2）你是跟谁一起散的步？　（あなたは誰と一緒に散歩したのですか？）
（3）你昨天是几点睡的？　（あなたは昨日何時に寝たのですか？）
（4）你是怎么去的超市？　（あなたどうやってスーパーに行ったのですか？）

第12課 私は北京ダックを食べたことがあります。

過去の経験を表す表現
Wǒ 我 ウオ ＋ chī 吃 チー ＋ guo 过 グゥオ ＋ Běi jīng kǎo yā 北京烤鸭 ベイ ジィン カオ ヤァ 。
私
食べる
～したことがある
北京ダック

「～したことがあります」という過去の経験を伝える表現は［主語＋動詞＋过（guo）＋目的語］の形で表します。

Nǐ chī guo Běi jīng kǎo yā ma
你 吃 过 北京烤鸭 吗?
ニィ チー グゥオ ベイジィンカオ ヤァ マァ
あなたは北京ダックを食べたことがありますか？

Wǒ chī guo Běi jīng kǎo yā
－我 吃 过 北京烤鸭。
ウオ チー グゥオ ベイジィンカオ ヤァ
私は北京ダックを食べたことがあります。

経験の回数を表す

「～を…回したことがあります」というように、経験の回数を言う場合は、［主語＋動詞＋过（guo）＋…次（cì）＋目的語］の語順をとります。

Wǒ qù guo liǎng cì Zhōng guó
我 去 过 两次 中国。 私は中国に２回行ったことがあります。
ウオ チュィ グゥオ リアン ツー ヂォングゥオ

経験の回数を聞く文は、几次（jǐ cì）「何回」を使って次のように言います。

Dà jiā chī guo jǐ cì Běi jīng kǎo yā
大家 吃 过 几次 北京烤鸭?
ダァ ジア チー グゥオ ジィ ツー ベイジィンカオ ヤァ
みなさんは何回北京ダックを食べたことがありますか？

否定文

否定文「～したことがありません」は没 (méi) を動詞の前に置いて［主語＋没＋動詞＋过（guo）＋目的語］の形にします。没 (méi) をつけても过（guo）は残すように気をつけてください。

Wǒ méi chī guo Běi jīng kǎo yā
我 没 吃 过 北京烤鸭。
ウオ メイ チー グゥオ ベイ ジィン カオ ヤァ
私は北京ダックを食べたことがありません。

Wǒ méi qù guo Zhōng guó
我 没 去 过 中国。
ウオ メイ チュィ グゥオ ヂォングゥオ
私は中国に行ったことがありません。

了（le）の文の否定形も没 (méi) を用いますが、このときは了（le）を消すのでしたね。（→ p.151）

Wǒ méi qù Zhōng guó
我 没 去 中国 ~~了~~。
ウオ メイ チュィ ヂォングゥオ
私は中国に行きませんでした。

「我没去过中国」と「我没去中国」は、过（guo）という一文字があるかないかの差ですが、意味は異なります。
［主語＋没＋動詞＋过（guo）＋目的語］は「～したことがない」を表し、
［主語＋没＋動詞＋目的語］は「～していない」という意味を表します。

また、前置詞句をともなう文では没 (méi) を前置詞句の前に、連動文（1つの主語に対して2つ以上の動詞句を連ねた文）では最初の動詞の前に置きます。

Wǒ méi gēn tóng shì yì qǐ chàng guo kǎ lā O K
我 没 跟同事一起 唱 过 卡拉 OK。
ウオ メイ ゲントォンシー イィ チィ チャアン グゥオ カァ ラァ オーケー
同僚と一緒にカラオケに行ったことがありません。

Wǒ méi qù Zhōng guó lǚ yóu guo
我 没 去 中国 旅游 过。
ウオ メイ チュィ ヂォングゥオ ルゥ ヨウ グゥオ
私は中国へ旅行に行ったことがありません。

第4章 時制から学ぶ中国語

第13課 私はご飯をつくっているところです。

「今ちょうど～しているところだ」という表現は３通りあります。

まずは、[在（zài）＋動詞句＋呢（ne）] の形から見ていきましょう。呢（ne）は、「～のところだよ」と進行中の動作を伝える意味を表しています。会話ではよく使われています。

Nǐ zài gàn shén me ne
你 在 干什么 呢? あなたは何をしているところですか？
ニィ ヅァイ ガンシェン マ ヌァ

Wǒ zài zuò fàn ne
－我 在 做饭 呢。 私はご飯をつくっているところです。
ウオ ヅァイ ヅゥオファン ヌァ

次は、在（zài）の代わりに、正（zhèng）を用いた［正（zhèng）＋動詞句＋呢（ne）］の形の文です。正（zhèng）を用いると「今まさに、ちょうど」というニュアンスがより強調されます。

Wǒ zhèng zuò fàn ne
我 正 做饭 呢。 私はちょうどご飯をつくっているところです。
ウオ ヂョン ヅゥオファン ヌァ

３つめは、在（zài）と正（zhèng）の両方を使った［正在（zhèng zài）＋動詞句＋呢（ne）］の形です。上の２つの表現に比べて、少し改まった言い方といえます。

Wǒ zhèng zài zuò fàn ne
我 正 在 做饭 呢。 私はちょうどご飯をつくっているところです。
ウオ ヂョン ヅァイ ヅゥオファン ヌァ

疑問文と否定文

「〜をしていますか？」という疑問文は、文末の呢（ne）は使わず［在（zài）＋動詞句＋吗（ma)］の形でつくります。**你在做饭**呢吗? とならないように気をつけてください。

Nǐ zài zuò fàn ma
你 在 做饭 吗?　あなたはご飯をつくっていますか？
ニィ ヅァイ ヅゥオファン マァ

進行形に限らず、文末に来る話し手の気持ちを表す語気詞〈口へんがつく語：呢（ne）/ 吧（ba）/ 吗（ma）など〉は、〜**呢吗**、〜**呢吧**、〜**吗吧**のように重ねて使うことができません。これらはそれぞれが異なる気持ちを表現しているためです。

呢（ne）＝〜なのかな？/〜のところだよ
吧（ba）＝〜でしょう
吗（ma）＝〜ですか？

否定文「〜しているのではない」「〜していない」は、［没在（méi zài）＋動詞句］の形となります。「〜していない」ので、「〜のところだよ」という進行中の動作を伝える呢（ne）は不要です。

Wǒ méi zài zuò fàn
我 没在 做饭。　私はご飯をつくっているのではありません。
ウオ メイ ヅァイ ヅゥオファン

否定文では、「〜していないところ」と言うのは変なので、**呢**は使わないのですね。

さらに学ぼう

3つの「在」のおさらい

ここで少し立ち止まって、今まで出てきた在（zài）の用法をおさらいしておきましょう。

❶［主語＋在（zài）＋場所］：～にいる、～にある （→ p.74）

Wǒ zài jiā
我 在 家。 私は家にいます。
ウオ ヅァイ ジア

Nǐ de shǒu jī zài zhuō zi shang
你 的 手机 在 桌子 上。 あなたの携帯電話は机の上にあります。
ニィ ドァ ショウジィ ヅァイ ヂュオヅーシャァン

❷［主語＋在（zài）＋場所＋動詞句］：～で…をする （→ p.94）

Wǒ zài jiā xué Hàn yǔ
我 在 家 学 汉语。 私は家で中国語を学びます。
ウオ ヅァイ ジア シュエ ハンユィ

❸［主語＋在（zài）＋動詞句＋呢（ne）］：～をしているところだ （→ p.184）

Wǒ zài zuò fàn ne
我 在 做饭 呢。 私はご飯をつくっているところです。
ウオ ヅァイ ヅゥオファン ヌァ

在（zài）には上のような3つの用法がありますが、その用法に応じて品詞が変わります。

❶の「いる、ある」は動詞、❷の「～で」は前置詞、❸の「～している」は動詞の前に置く副詞という品詞となります。このように品詞が変わっているのですが、在（zài）の見た目は変わりませんよね。

中国語は活用、語形変化がないので、どの用法（品詞）の在（zài）なのかを見分けることが難しいです。そこで、漢字の在だけを見て、「あ、在だ。つまり“いる”という意味か…」というふうに即座に意味を決めてしまわずに、文のどの位置にあるのか、周りにどういう語があるのか、といった総合的な判断で、見分けるようにしましょう。

この点に関しては、前に習った给（gěi）も同様です。（→ p.91）

给（gěi）にも、

❶ **動詞としての用法**　给你钱　「あなたにお金をあげる」

❷ **前置詞としての用法**　给你做饭「あなたのために料理をつくってあげます」

の２つの用法がありましたね。

在（zài）の場合と同様に、総合的な判断で見分ける習慣をつけて学習していってくださいね。

在在とは言えない？

「私は家でご飯をつくっている」と言いたい場合、「家で」の部分に在（zài）を使いますが、進行を表すのも在（zài）なので、

我在在家做饭呢。と言いたくなってしまうのではないでしょうか？　しかし「ザイザイ～」となってしまって、とても言いにくいのでこの使い方はしません。場所をともなう進行形の表現では、在（zài）は１つだけあればOKです。

我在家做饭呢。という文が問題なく進行の意味を表せるのは、文末の呢（ne）があるからです。「～のところだよ」という意味が保証されていればいいので、動詞の前につける 在（zài）や正（zhèng）がなくても、呢（ne）さえあればOKなのです。

第14課 窓が開いています。

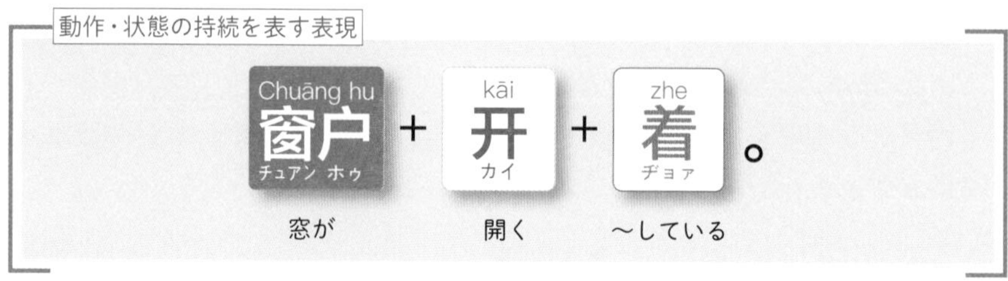

次は、動作、状態の持続を表す、［動詞＋着（zhe)］を用いた表現を見ていきましょう。「状態の持続」というと、なんだか難しそうですが、「～は…の状態にある」「～したままである」ことを伝える表現です。

着（zhe）は、動詞の後に置くことで、「～の動作や状態が持続している、～したままである」という意味を表します。

［動詞＋着（zhe)］の文は最後に「～のところだ」を表す文末助詞呢（ne）をつけることができ、「今まさに、～した状態です」ということを表せます。

Chuāng hu kāi zhe
窗户 开着。
チュアンホゥ カイ ヂョァ
窓が開いています。

Chuāng hu kāi zhe ne
窗户 开着 呢。
チュアンホゥ カイ ヂョァ ヌァ
窓が（今まさに）開いた状態です。

次の文も同じ、［動詞＋着（zhe）＋呢（ne)］の形ですが、動作をともなっている点で上の文と異なります。

Mā ma zhèng zuò zhe fàn ne
妈妈 正 做着饭 呢。
マァ マァ ヂョン ヅゥオヂョァファン ヌァ
お母さんがちょうどご飯をつくっているところです。

「窓が開いている」という文は、目の前の状態を表し、動作を述べていませんが、「お母さんがご飯をつくっている最中だ」という文では動作の持続を表しています。このように、同じ［動詞＋着（zhe）］でも**動作を表す文**と、**状態を表す文**の２種類がある点に注意しましょう。

次の２つの文はどうでしょうか？

Wài mian zhèng xià zhe xuě ne
外面 正 下着 雪 呢。 外はちょうど雪が降っているところです。
ワイ ミエン ヂョン シアヂョァ シュエ ヌァ

Wǒ zhèng pǎo zhe bù ne
我 正 跑着 步 呢。 私はちょうどジョギングしているところです。
ウオ ヘゥン パオヂョァ ブゥ ヌァ

上の文は「雪が降っている」という**状態の持続**、下は「ジョギング中」という**動作の持続**を表しています。

このように状態か動作かを区別するのは、否定文のつくり方が異なるためです。

否定文

状態の持続の場合の否定文は［没（méi）＋動詞＋着（zhe）］の形にすれば完成です。第 13 課と同様の理由で呢（ne）は不要です。

Chuāng hu méi kāi zhe
窗户 没开着。 窓は開いていません。
チュアンホゥ メイ カイヂョァ

Wài mian méi xià zhe xuě
外面 没下着 雪。 外は雪が降っていません。
ワイ ミエン メイ シアヂョァ シュエ

いっぽう、動作の持続の場合の否定文は［没（méi）＋動詞］となり、着（zhe）は入りません。

Mā ma méi zuò fàn
妈妈 没 做饭。 お母さんはご飯をつくっていません。
マァ マァ メイ ヅゥオファン

Wǒ méi pǎo bù
我 没 跑步。 私は走っていません（ジョギングしていません）。
ウオ メイ パオ ブゥ

第4章 時制から学ぶ中国語

疑問文

疑問文は、文末の呢（ne）の代わりに吗（ma）を置いてつくります。

Chuāng hu　kāi zhe　ma
窗户 开着 吗？　窓が開いていますか？
チュアンホウ　カイヂョア　マア

Mén　kāi zhe　ma
门 开着 吗？　ドアが開いていますか？
メン　カイヂョア　マア

Mén　kāi zhe　ne
－门 开着 呢。　ドアが開いています。
メン　カイヂョア　ヌァ

動作が持続していることを表す疑問文では、**呢**ではなく**吗**を使うのですね。

さらに学ぼう

[動詞＋着] の応用文

[動詞＋着（zhe)] を用いた応用の文も取り上げましょう。

❶ [主語＋動詞＋着（zhe）＋動詞句]：～の状態で…する

Wǒ měi tiān zǒu zhe qù chē zhàn
我 每天 走着 去 车站。
ウオ メイティエン ヅォウヂョァ チュィ チョァヂャン
私は毎日歩いて駅に行きます。

Wǒ xǐ huān zhàn zhe kàn shū
我 喜欢 站着 看 书。
ウオ シィホワン ヂャンヂョァ カン シュウ
私は立って本を読むのが好きです。

❷ [場所＋動詞＋着（zhe）＋名詞句]：～が…の状態で存在している

Zhuō zi shang fàng zhe yì běn shū
桌子上放着 一本 书。
ヂュオヅーシャアンファアンヂョァ イィベン シュウ
机の上に本が１冊置かれています。

Jiào shì li zuò zhe hěn duō xué sheng
教室里 坐着 很多学生。
ジアオシーリィ ヅゥオヂョァ ヘンドゥオシュエション
教室の中にたくさんの学生が座っています。

こうした文は、場面を描写するときに使われやすい表現です。

[動詞＋着（zhe)] との組み合わせでよく使われる動詞には次のようなものがあります。

❶ 姿勢を表す動詞

站（zhàn)「立つ」、坐（zuò)「座る」、躺（tǎng)「横になる」など

❷「身につける」動作を表す動詞

穿（chuān)「着る」、戴（dài)「(帽子を）被る」など

第12～14課　練習問題

問1　**A**の質問に対する最も適切な答えを、**B**から見つけ線で結びましょう。

A		B
(1) 你在哪儿？	●	●a：我在家学汉语呢。
(2) 你在哪儿学汉语？	●	●b：我在家。
(3) 你在干什么呢？	●	●c：我在学汉语呢。
(4) 你在家干什么呢？	●	●d：我在家学汉语。

問2　次の会話を読んで、(1)～(3)の問に答えましょう。

父亲（父）：妈妈在（　a　）吗？
儿子（子）：妈妈在家。
父亲　：她在（　b　）？
儿子　：她在厨房。
父亲　：她在（　c　）吗？
儿子　：她没在做饭，她在洗碗。
父亲　：你们吃（　d　）饭了吗？
儿子　：我们吃完饭了。
父亲　：e 我还没吃饭，你去厨房问一问妈妈，还有没有我的饭。

(1) (a)～(d)に入る語句を前後の文から推測して、書き入れましょう。

(a) ＿＿＿＿＿＿＿＿　(b) ＿＿＿＿＿＿＿＿

(c) ＿＿＿＿＿＿＿＿　(d) ＿＿＿＿＿＿＿＿

(2) 下線部eを日本語に訳しましょう。

e＿＿＿＿＿＿＿＿＿＿＿＿＿＿＿＿

(3) 会話の内容に基づいて、次の質問に中国語で答えてみましょう。

(a) 妈妈在家吗？ ＿＿＿＿＿＿＿＿＿＿＿＿

(b) 妈妈在干什么呢？ ＿＿＿＿＿＿＿＿＿＿＿＿

(c) 谁吃完饭了？ ＿＿＿＿＿＿＿＿＿＿＿＿

(d) 谁还没吃饭？ ＿＿＿＿＿＿＿＿＿＿＿＿

(e) 谁去厨房问妈妈？ ＿＿＿＿＿＿＿＿＿＿＿＿

問3 (a)～(e)に入る語句を［　］の中から1つずつ選びましょう。

我的房间（　a　）一个桌子。桌子上放着（　b　）。书上画着（　c　）。猫在（　d　）。我喜欢看猫的（　e　）。

［画 / 睡觉 / 有 / 一只猫 / 一本书］

解答

問1 (1) どこにいますか？　b 家にいます。
(2) どこで中国語を学ぶのですか？　d 家で中国語を学びます。
(3) 何をしていますか？　c 中国語を学んでいます。
(4) 家で何をしていますか？　a 家で中国語を学んでいます。

問2 (1) (a) 家　(b) 哪儿　(c) 做饭　(d) 完
(2) (e) お父さんはご飯はまだだから、まだお父さんのご飯があるかどうか、キッチンに行ってお母さんに聞いてくれ。
(3) (a) 妈妈在家。　(b) 妈妈在洗碗。
(c) 妈和儿子吃完饭了。　(d) 爸爸还没吃饭。
(e) 儿子去厨房问妈妈。

問3 (a) 有　(b) 一本书　(c) 一只猫　(d) 睡觉　(e) 画

【全訳】私の部屋に机が1つあります。机の上に本が1冊置かれています。本の上（表紙）に猫が1匹描かれています。猫は寝ています。私は猫の絵を見るのが好きです。

第15課 私は来年留学します。

この課からは、未来のことを中国語ではどう伝えるのかを見ていきましょう。ひと言で「未来」といっても、予定・願望・義務などといろいろな場合が考えられ、それに応じて表現が変わってきます。

たとえば、予定の場合。日本語は予定を伝えるとき「私は３時に退勤します。」のように現在形を使います。この点に関しては、中国語も同様です。

Wǒ sān diǎn xià bān
我 三点 下班。 私は3時に退勤します。
ウオ サンディヤン シア バン

それから、少し先の予定でもやはり「私は来年留学します。」のように現在形と変わりません。

Wǒ míng nián qù liú xué
我 明年 去 留学。 私は来年留学します。
ウオ ミィンニエン チュィ リウ シュエ

ところが､未来への「願望」になると､願望や意志を表す助動詞の要（yào）「〜するのだ、必ず〜する（意志）」や、想（xiǎng）「〜したい（願望）」を動詞の前につける必要があります。

Wǒ míng nián yào qù liú xué
我 明年 要 去 留学。 私は来年必ず留学します。
ウオ ミィンニエン ヤオ チュィ リウ シュエ

さらに、「〜するつもりだ、〜する準備をしている」という計画のことを表す助動詞もあります。**打算**(dǎ suàn)「〜するつもりだ」と**准备**(zhǔn bèi)「〜する準備をしている、〜しようと思っている」の2つがよく出てきます。

Wǒ dǎ suàn qù Měi guó liú xué
我 打算 去 美国 留学。
ウオ ダァ スワン チュィ メイ グゥオ リウ シュエ
私はアメリカに留学するつもりです。

Wǒ zhǔn bèi qù Běi jīng gōng zuò
我 准备 去 北京 工作。
ウオ ヂュン ベイ チュィ ベイ ジィン ゴォンヅゥオ
私は北京に仕事に行こうと思っています。

否定文

次は、未来のことを否定する表現を考えてみましょう。

まず、予定の場合は「来年は中国には行きません」=「しません」になるので〔不(bù)+動詞〕となります。

Wǒ míng nián **bú** qù Zhōng guó
我 明年 不 去 中国。
ウオ ミィンニエン ブゥ チュィ ヂォングゥオ
私は来年中国に行きません。

Wǒ míng tiān **bú** qù shàng bān
我 明天 不 去 上班。
ウオ ミィンティエン ブゥ チュィ シャアンバン
私は明日仕事に行きません。

次は、願望の否定「〜したくない」です。これも不(bù)を使いますが、**不要**とはあまり言わず、不想(bù xiǎng)を使うことが多いです。

Wǒ bù xiǎng qù liú xué
我 不想 去 留学。
ウオ ブゥ シアン チュィ リウ シュエ
私は留学したくありません。

計画の否定は、不打算〜「〜するつもりがない、〜しようと思っていない」をよく使います。**不准备**〜とはあまり言いません。

Wǒ bù dǎ suàn qù liú xué
我 不打算 去 留学。
ウオ ブゥ ダァ スワン チュィ リウ シュエ
私は留学するつもりはありません。

Wǒ bù dǎ suàn qù Měi guó
我 不打算 去 美国。
ウオ ブゥ ダァ スワン チュィ メイ グゥオ
私はアメリカに行くつもりはありません。

第16課 彼はそろそろ帰国します。

この課では、未来のことが差し迫って起こりそうだということを伝える表現を学びましょう。日本語で「そろそろ～だ」や「まもなく～だ」にあたる表現です。まず、［要（yào）～了（le）］を使った表現を見てみましょう。

Nǚ ér　míng nián　yào　shàng zhōng xué　le
女儿 明年 要 上中学 了。　娘は来年中学に上がります。
ニュィアル　ミィンニエン　ヤオ　シャアンヂャアンシュエ　ルァ

了は本来、「すでに起きていること」を示す語ですが、ここでは「ほぼ確実に起こるであろうこと、実現しそうなこと」を表しています。

差し迫る未来のことを表す表現として、このほかに、［快要（kuài yào）…了（le）］や［就要（jiù yào）…了（le）］があります。いずれも、［要（yào）…了（le）］をベースに、副詞の快（kuài）「そろそろ」と就（jiù）「もうじき」を加えたものとなります。

［快要（kuài yào）…了（le）］は「そろそろ、ある出来事や節目を迎える」というニュアンスがあり、時間の推移に注目しています。

Wǒ men　kuài yào　kǎo shì　le
我们 快要 考试 了。　私たちはそろそろテストが始まります。
ウオ メン　クワイ ヤオ　カオ シー　ルァ

いっぽう［就要（jiù yào）…了（le）］は時間を表す語句をともなうことができ、「～には、もう…が始まっている」ということを表します。この場合、時間の推移ではなく、出来事が発生する時間に焦点をあてています。そのため、時間の語句と一緒に使えるのは［就要（jiù yào）…了（le）］のほうです。

Wǒ men xià gè xīng qī jiù yào kǎo shì le
我们 下个星期 就要 考试 了。
ウオ メン シア グァ シィンチィ ジウ ヤオ カオ シー ルァ
私たちは来週もうテストが始まります。

Tā men míng tiān jiù yào jié hūn le
他们 明天 就要 结婚 了。
タァ メン ミィンティエン ジウ ヤオ ジエ ホゥン ルァ
彼らは明日いよいよ結婚します。

［快要（kuài yào）…了（le)］に近い表現として、［快（kuài）…了（le)］の形もあります。こちらは、「出来事や状態が時間的に近づいている」ことを表します。

「到着」や「休暇」は行為ではなく、一種の状態です。「そうした状態になりそうだ」というときは、［快（kuài）…了（le)］［快要（kuài yào）…了（le)］が用いられやすく、［要（yào）…了（le)］はあまり使いません。

Wǒ men kuài dào jī chǎng le
我们 快 到 机场 了。 私たちはそろそろ空港に着きます。
ウオ メン クワイ ダオ ジィ チャアン ルァ

Wǒ men kuài fàng jià le
我们 快 放假 了。 私たちはそろそろ休みになります。
ウオ メン クワイ ファアン ジア ルァ

「そろそろ～時になる」「～の季節だ」といった表現も、同じ理由で［快（kuài）…了（le)］や［快要（kuài yào）…了（le)］が用いられやすく、［要（yào）…了（le)］はあまり使いません。

Kuài liǎng diǎn le
快 两点 了。 もうすぐ2時です。
クワイ リアンディエン ルァ

Kuài dào xià tiān le
快 到 夏天 了。 もうすぐ夏です。
クワイ ダオ シア ティエン ルァ

第 15 ～ 16 課　練習問題

問 1　次の文を読んで、(1) ～ (3) の問に答えなさい。

> 我喜欢游泳。我每个星期都游泳。今天是星期五，
> 我 5 点能下班，我打算去游泳。我跟我朋友一起去游泳。
> 我们打算游 1 个小时。游完泳，我们想去吃饭。

(1) 以下の質問に対し、中国語で答えてみましょう。

(a) 我喜欢什么？ ____________________

(b) 我星期五几点能下班？ ____________________

(c) 我打算干什么？ ____________________

(d) 我跟谁一起去游泳？ ____________________

(e) 我们打算游多长时间？ ____________________

(f) 游完游，我们想干什么？ ____________________

(2) 次の質問に対し、自分のことを答えてみましょう。

(a) 你喜欢什么？ ____________________

(b) 你星期五几点能下班？ ____________________

(c) 你打算干什么？ ____________________

(d) 你跟谁一起去？ ____________________

問 2　次の文を読んで、(1) ～ (2) の問に答えなさい

> 我是大学生。快放假了。这个夏天我准备去韩国看一看。
> 我喜欢听韩国的音乐，看韩国的电视，还喜欢吃韩国料理。
> 我打算坐飞机去首尔，在首尔玩儿三天。首尔离东京很近，
> 飞两个小时就能到。

（1）全文を日本語に訳してみましょう。

______

______

______

______

（2）次の質問に対し、自分のことを答えてみましょう。

(a) 你们放假吗？ ______

(b) 你准备去哪儿看一看？ ______

(c) 你打算怎么去那儿？ ______

(d) 你打算去几天？ ______

解答

問1 （1） (a) 我喜欢游泳。 (b) 我星期五 5 点下班。
(c) 我打算去游泳。 (d) 我跟我朋友一起去游泳。
(e) 我们打算游一个小时。 (f) 游完游，我们想去吃饭。

（2）［解答例］ (a) 我喜欢看电影。 (b) 我晚上 7 点下班。
(c) 我打算去电影院看电影。 (d) 我跟家里人一起去。

【全訳】 私は泳ぐのが好きです。私は毎週泳ぎます。今日は金曜日です。私は5時に仕事が終わるので、泳ぎに行くつもりです。私は友だちと一緒に泳ぎに行きます。私たちは1時間泳ぐつもりです。泳ぎ終わったら、食事に行きたいです。

問2 （1）［解答例］私は大学生です。そろそろ休みです。この夏、私は韓国に行ってみたいと思っています。私は韓国の音楽を聴いたり、韓国のテレビを見るのが好きです。①そのうえ、韓国料理も好きです。私は飛行機でソウルに行くつもりです。ソウルで3日間遊びます。②ソウルから東京までは近くて、③2時間飛べば着きます。

＊① **还喜欢吃韩国料理**の**还**（hái）は、「さらに、そのうえ」という意味です。
② **首尔离东京很近**の**离**（lí）は、［A＋**离**＋B］の形で「AからBまで」を表すので「ソウルから東京まで近い」という意味になります。
③ **飞两个小时就能到**の**就**（jiù）は、［A＋**就**＋B］の形で用いられ、「AならばB」を表します。この文もA（**飞两个小时**）**就**B（**能到**）と分解できるので、「2時間飛ぶ、ならば、着くことができる」となります。

（2）［解答例］ (a) 我们放假。 (b) 我准备去韩国看一看。
(c) 我打算坐飞机去那儿。 (d) 我打算去 5 天。

第17課 彼は駆け上がって来ました。

移動の方向を表す表現
Tā 他 タァ
pǎo 跑 パオ
shàng lai 上来 シャアン ライ
le 了 ルァ
彼は
駆ける
上がって来る
しました

日本語には移動を表す動詞「上がる」「下がる」「出る」「入る」などがありますが、中国語では上（shàng）だけでは「上がる」の意味を表せません。上来（shàng lai）や上去（shàng qu）のように、[上（shàng）+ 来（lai）/ 去（qu）] の形することで、「上がる」という意味を表します。来（lái）と去（qù）は、方向を表す動詞の後に来るときは軽声で（lai）、（qu）と読みます。

Tā shàng lai le
他上来了。
タァ シャアン ライ ルァ
彼は上がって来ました。
Tā shàng qu le
他上去了。
タァ シャアンチュィ ルァ
彼は上がって行きました。

この２つの文では、上「上がる」の後に、来「来る」と去「行く」がついている点で、日本語の「上がる」よりも情報量が多いのですが、では「上がってくる（上来）」や「上がって行く（上去）」と「上がる」はどう違うのでしょうか。

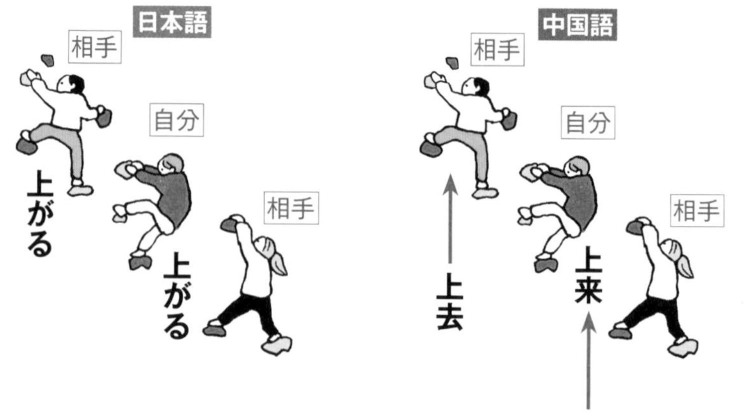

まず、最も大きな違いとして、日本語の「上がる」には、話し手の視点が含まれていません。相手が自分（話し手）のほうに「上がって来る（自分に近づく）」場合、または「上がって行く（自分から遠ざかる）」場合、どちらでも使えます。

これに対し、中国語は必ず、話し手の視点が入っています。「上がって来る」のは上来、「上がって行く」のは上去です。つまり、ただ「上がる」だけではなく、「近づいている」のか「遠ざかっている」のかも情報として伝えなければならないのです。これが中国語の移動表現の大きな特徴といえます。なので、移動の方向を表す日本語の動詞を中国語にするときには、次の表のように「〜来／〜去」の形にする必要があります。組み合わせをいくつか見てみましょう。

	shàng 上 シャアン 上がる	xià 下 シア 下がる	jìn 进 ジン 入る	chū 出 チュウ 出る	huí 回 ホゥイ 帰る	guò 过 グゥオ 渡る	qǐ 起 チィ 起きる
lái 来 ライ 来る	shàng lai 上来 シャアンライ 上がって来る	xià lai 下来 シアライ 下がって来る	jìn lai 进来 ジンライ 入って来る	chū lai 出来 チュウライ 出て来る	huí lai 回来 ホゥイライ 帰って来る	guò lai 过来 グゥオライ 渡って来る	qǐ lai 起来 チィライ 起きて来る
qù 去 チュィ 行く	shàng qu 上去 シャアンチュィ 上がって行く	xià qu 下去 シアチュィ 下がって行く	jìn qu 进去 ジンチュィ 入って行く	chū qu 出去 チュウチュィ 出て行く	huí qu 回去 ホゥイチュィ 帰って行く	guò qu 过去 グゥオチュィ 渡って行く	

Qǐng jìn lai ba
请 进来 吧。　どうぞお入りください。
チィン ジン ライ バァ

Qǐng jìn qu ba
请 进去 吧。　どうぞお入りください。
チィン ジンチュィ バァ

Tā pǎo xià lai le
他 跑 下来 了。　彼は駆け降りて来ました。
タァ パオ シア ライ ルァ

Tā pǎo xià qu le
他 跑 下去了。　彼は駆け降りて行きました。
タァ パオ シアチュィルァ

第4章 時制から学ぶ中国語

第18課 先生が教室に入って来ました。

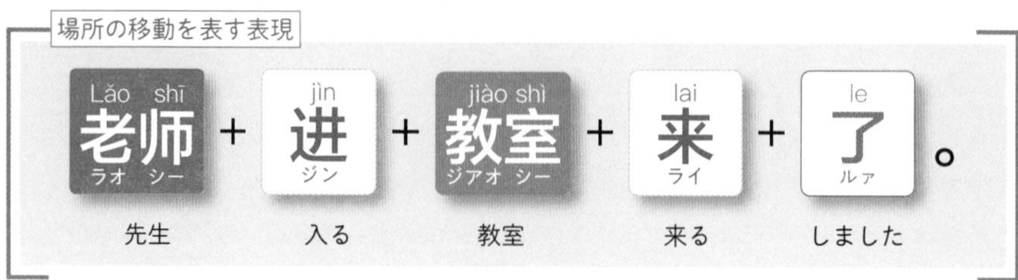

次は、移動する「場所」を伝える言い方を見てみましょう。ひと口に「場所」を伝えるといっても、じつは少し複雑です。

というのは、中国語は「ある場所に到達する」ときの言い方と、「ある場所から離れる」ときの言い方が次のように異なるのです。

❶ 場所への到着

［主語＋動詞＋場所＋来（lai）/ 去（qu）＋了（le）］

❷ 場所からの出発

「主語＋从（cóng）＋場所＋動詞＋来（lai）/ 去（qu）＋了（le）」

では早速、**❶ 場所への到着**の具体例を見てみましょう。

Lǎo shī jìn jiào shì lai le
老师 进 教室 来 了。 先生が教室に入って来ました。
ラオ シー ジン ジアオ シー ライ ルァ

Lǎo shī zǒu jìn jiào shì qu le
老师 走进 教室 去 了。 先生が歩いて教室に入って行きました。
ラオ シー ヅォウ ジン ジアオ シー チュィ ルァ

これらの文は「部屋に入る」ことを表しています。次のような「(場所に) 上がる」、「(場所へ) 帰る」などの「到達」も❶の文を使います。これらの文では、**走**（zǒu）や**跑**（pǎo）は省略しても OK です。

Mā ma zǒu shàng èr lóu lai le
妈妈 走上 二楼 来 了。
マァ マァ ヅォウシャアン アル ロウ ライ ルァ

お母さんが歩いて2階に上がって来ました。

Hái zi pǎo huí jiā qu le
孩子 跑 回 家 去 了。
ハイ ヅー パオ ホゥイ ジア チュィ ルァ

子どもは走って家に帰って行きました。

いっぽう、場所から「遠ざかる（出て行く）」移動の場合は、❷ **場所からの出発**を用いて表現します。

Lǎo shī cóng jiào shì chū qu le
老师 从 教室 出去 了。
ラオ シー ツォン ジアオ シー チュウチュィ ルァ

先生は教室から出て行きました。

Lǎo shī cóng jiào shì zǒu chū qu le
老师 从 教室 走出去 了。
ラオ シー ツォン ジアオ シー ヅォウチュウチュィ ルァ

先生は教室から歩いて出て行きました。

ほかに、「〜から帰る」「〜からやって来る」なども❷を用います。

Bà ba cóng gōng sī huí lai le
爸爸 从 公司 回来了。
バァ バァ ツォン ゴォン スー ホゥイ ライ ルァ

お父さんは会社から帰って来ました。

Lǎo shī cóng nèi biān zǒu guò lai le
老师 从 那边 走过来 了。
ラオ シー ツォン ナァ ビエン ヅォウグゥオ ライ ルァ

先生があちらから歩いてやって来ました。

最後に、❶＋❷の文の例も見ておきましょう。複雑に見えますが、これは「ある場所から別の場所へ移動する」というフルコースの文です。

Lǎo shī cóng yī lóu zǒu shàng èr lóu lai le
老师 从 一楼 走上 二楼 来 了。
ラオ シー ツォン イィ ロウ ヅォウシャアン アル ロウ ライ ルァ
先生が1階から歩いて2階に上がって来ました。

Xiǎo gǒu cóng wài biān pǎo jìn jiā li lai le
小狗 从 外边 跑进 家里 来 了。
シャオ ゴウ ツォン ワイ ビエン パオ ジン ジア リィ ライ ルァ
子犬は外から走って家の中に入って来ました。

第17～18課　練習問題

問1　以下の状況をヒントに、（　　　）に入る語を、［上来 / 上去 / 下来 / 下去］の中から１つ選んで、中国語の文を完成させなさい。

（1）あなたが上の階にいて、お母さんも上の階に上がってきました。

妈妈（　　　　　　）了。

（2）あなたが下の階にいて、お母さんも下の階へ降りてきました。

妈妈（　　　　　　）了。

（3）あなたとお母さんが上の階にいましたが、お母さんだけが下の階へ降りていきました。

妈妈（　　　　　　）了。

（4）あなたとお母さんが下の階にいましたが、お母さんだけが上の階へ上がっていきました。

妈妈（　　　　　　）了。

問2　次の日本語を中国語にしてみましょう。

（1）お母さんが歩いて上がって来ました。 ＿＿＿＿＿＿＿＿

（2）お母さんが走って上がって来ました。 ＿＿＿＿＿＿＿＿

（3）お母さんが歩いて降りて行きました。 ＿＿＿＿＿＿＿＿

（4）お母さんが走って降りて行きました。 ＿＿＿＿＿＿＿＿

問3　［　　］内の単語を正しい中国語の文に並び替え、さらに日本語に訳してみましょう。

（1）［妈妈 / 二楼 / 走 / 上 / 来 / 了］

→ ＿＿＿＿＿＿＿＿＿＿＿＿

和訳：＿＿＿＿＿＿＿＿＿＿＿＿

（2）［妈妈 / 二楼 / 从 / 走 / 下去 / 了］

→ ＿＿＿＿＿＿＿＿＿＿＿＿

和訳：＿＿＿＿＿＿＿＿＿＿＿＿

(3)［老师／教室／跑／进／来／了］

→ ＿＿＿＿＿＿＿＿＿＿

和訳：＿＿＿＿＿＿＿＿＿＿

(4)［老师／教室／从／跑／出去／了］

→ ＿＿＿＿＿＿＿＿＿＿

和訳：＿＿＿＿＿＿＿＿＿＿

問4 次の中国語を日本語に訳しましょう。

(1) 请进来吧。 ＿＿＿＿＿＿＿＿＿＿

(2) 不要出去。 ＿＿＿＿＿＿＿＿＿＿

(3) 我可以回去吗？ ＿＿＿＿＿＿＿＿＿＿

(4) 他从那边走过来了。 ＿＿＿＿＿＿＿＿＿＿

解答

問1 (1) 妈妈（上来）了。 (2) 妈妈（下来）了。
(3) 妈妈（下去）了。 (4) 妈妈（上去）了。

問2 (1) 妈妈走上来了。 (2) 妈妈跑上来了。
(3) 妈妈走下去了。 (4) 妈妈跑下去了。

問3 (1) 妈妈走上二楼来了。 お母さんは歩いて2階へ上がって来ました。
(2) 妈妈从二楼走下去了。 お母さんは2階から歩いて降りて行きました。
(3) 老师跑进教室来了。 先生は走って教室に入って来ました。
(4) 老师从教室跑出去了。 先生は教室から走って出て行きました。

問3 (1) どうぞお入りください。
(2) 外に出ないでください。
(3) 帰ってもいいですか？
(4) 彼はあちらから歩いてやって来ました。

朝起きてから寝るまでの表現

日常生活での行動を表す表現をまとめてみました。ぜひ声に出して言ってみてください。

ある中国人女性の一日

Wǒ zǎo shang liù diǎn bàn qǐ chuáng
我早上6点半起床。
ウオヅァオシャアンリウディエンバンチィチュアン
私は朝6時半に起きます。

Qǐ chuáng hòu xǐ liǎn huà zhuāng
起床后，洗脸，化妆。
チィチュアンホウ シィリエン ホアジュアン
起床後、顔を洗って化粧します。

Wǒ qī diǎn jiào hái zi qǐ chuáng
我7点叫孩子起床。
ウオ チィディエンジアオハイヅーチィチュアン
7時に子どもを起こします。

Wǒ qī diǎn wǔ shí fēn chū fā sòng hái zi shàng xué
我7点50分出发，送孩子上学。
ウオ チィディエンウゥシーフェンチュウファア ソォンハイヅーシャアンシュエ
7時50分に出発し、子どもを学校に送ります。

Wǒ jiǔ diǎn dào gōng sī
我9点到公司。
ウオ ジウディエンダオゴォンスー
9時に会社に着きます。

Wǒ zài gōng sī chī zǎo fàn rán hòu kāi shǐ gōng zuò
我在公司吃早饭，然后开始工作。
ウオヅァイゴォンスーチーヅァオファン ロァンホウカイシーゴォンヅゥオ
会社で朝食を食べます。それから仕事を始めます。

Zhōng wǔ shí èr diǎn dào liǎng diǎn shì wǔ xiū shí jiān
中午 12 点到两 点 是午休时间。
ヂォンウゥ シーアルディエンダオリアンディエンシーウゥシウシージエン
昼の12時から2時までは昼休みの時間です。

Wǒ chī wán wǔ fàn hòu　zài gōng sī shuì yí huìr
我吃完午饭后，在公司睡一会儿。
ウオチーワンウゥファンホウ　ヅァイゴォンスーシュイイィホゥイアル
昼食を食べ終わると、会社で少し寝ます。

Wǒ liù diǎn xià bān
我6 点 下班。
ウオ リウディエンシアバン
6時に仕事が終わります。

Xià bān hòu　wǒ qù nǎi nai jiā jiē hái zi
下班后，我去奶奶家接孩子。
シアバンホウ　ウオチィナイナイジアジエハイヅー
仕事が終わった後、義母の家に子どもを迎えに行きます。

Wǒ zài jiā chī wǎn fàn
我在家吃晚饭。
ウオヅァイジアチーワンファン
家で夕食を食べます。

Wǒ jiǔ diǎn bàn gěi hái zi xǐ zǎo　rán hòu ràng hái zi shuì jiào
我 9 点半给孩子洗澡，然后让孩子睡觉。
ウオ ジウディエンバングァハイヅーシィヅァオ　ロァンホウロァアンハイヅーシュイジアオ
9時半に子どもを風呂に入れ、それから寝かせます。

Wǒ wǎn shàng shí èr diǎn shuì jiào
我晚上 12 点 睡觉。
ウオ ワンシャアンイィアルディエンシュイジアオ
夜の12時に就寝します。

Wǒ wǎn shàng kàn shū　yùn dòng　yǒu shí yě hé　jiā lǐ　rén liáo tiān
我晚上看书，运动，有时也和家里人聊天。
ウオワンシャアンカンシュウ　ユィンドォン　ヨウシーイエホァジアリィロェンリアオティエン
夜は本を読んだり、運動したり、ときどき家族とおしゃべりします。

朝の行動

Wǒ shuā yá 我 刷牙。 ウオ シュワヤァ 私は歯を磨きます。	Wǒ shū tóu 我 梳头。 ウオ シュウトウ 髪をセットします。
Wǒ chuān yī fu 我 穿 衣服。 ウオ チュワン イィフウ 服を着ます。	Wǒ hē kā fēi 我 喝 咖啡。 ウオ ホァ カァフェイ コーヒーを飲みます。
Wǒ zǒu zhe qù chē zhàn 我 走着 去 车站。 ウオ ヅォウヂョァ チュィ チョァヂャン 駅まで歩きます。	Wǒ zuò diàn chē 我 坐 电车。 ウオ ヅゥオ ディエンチョァ 電車に乗ります。

会社や学校で

Wǒ shí diǎn kāi huì 我 十点 开会。 ウオ シーディエン カイホゥイ 10時に会議が始まります。	Wǒ jiǔ diǎn shàng kè 我 九点 上课。 ウオ ジウディエン シャアンクァ 9時に授業を受けます。
Wǒ kàn yóu jiàn 我 看 邮件。 ウオ カン ヨウジエン メールをチェックします。	Wǒ gēn péng you chī wǔ fàn 我 跟 朋友 吃 午饭。 ウオ ゲン ポンヨウ チー ウゥファン 友だちと昼食を食べます。
Wǒ huí jiā shí mǎi dōng xi 我 回家 时 买 东西。 ウオ ホゥイジア シー マイ ドォンシィ 会社の帰りに買い物をします。	Wǒ fàng xué hòu dǎ wǎng qiú 我 放 学 后 打 网球。 ウオ ファアンシュエ ホウ ダァ ワァンチウ 放課後テニスをします。

買い物

Wǒ qù chāo shì 我 去 超 市。 ウオ チュィ チャオ シー スーパーに行きます。	Wǒ wǎng gòu 我 网 购。 ウオ ワァン ゴウ ネットショッピングします。
Wǒ xuǎn shāng pǐn 我 选 商品。 ウオ シュエン シャアンピン 商品を選びます。	Wǒ pái duì 我 排 队。 ウオ パイ ドゥイ 列に並びます。
Wǒ fù qián 我 付 钱。 ウオ フゥ チエン お金を払います。	Wǒ shuā kǎ 我 刷 卡。 ウオ シュア カァ カードで払います。

家事

Wǒ zuò fàn 我 做 饭。 ウオ ヅゥオ ファン ご飯をつくります。	Wǒ shuā wǎn 我 刷 碗。 ウオ シュア ワン 茶碗を洗います。
Wǒ xǐ yī fu 我 洗 衣服。 ウオ シィ イィフゥ 服を洗います。	Wǒ zuò wèi shēng 我 做 卫生。 ウオ ヅゥオ ウェイション 掃除をします。
Wǒ dào lā jī 我 倒 垃圾。 ウオ ダオ ラァジィ ゴミを捨てます。	Wǒ shuā yù gāng 我 刷 浴 缸。 ウオ シュア ユィ ガァン お風呂を洗います。

体調

Wǒ liáng tǐ wēn 我 量 体温。 ウオ リアン ティウェン 体温を測ります。	Wǒ dài kǒu zhào 我 戴 口罩。 ウオ ダイ コウヂャオ マスクをつけます。
Wǒ shēn tǐ bù shū fu 我 身体 不舒服。 ウオ シェンティ ブゥシュウフゥ 私は具合が悪いです。	Wǒ zuò hé suān jiǎn cè 我 做 核 算 检测。 ウオ ヅゥオ ホア スワン ジエンツァ PCR 検査を受けます。
Wǒ qù yī yuàn 我 去 医院。 ウオ チィ イィユエン 病院に行きます。	Wǒ qǐng jià xiū xi 我 请假 休息。 ウオ チィンジア シウシィ 休みをとります。

趣味

Xià bān hòu wǒ qù hē jiǔ 下班 后 我 去 喝酒。 シアバン ホウ ウオ チュィ ホァジウ 会社の後お酒を飲みに行きます。	Wǒ qù jiàn shēn fáng 我 去 健身 房。 ウオ チュィ ジエンシェンファアン ジムに行きます。
Wǒ qù dēng shān 我 去 登 山。 ウオ チュィ デゥン シャン 登山に行きます。	Wǒ pào wēn quán 我 泡 温 泉。 ウオ パオ ウェン チュエン 温泉につかります。
Wǒ wánr yóu xì 我 玩儿 游戏。 ウオ ワンアル ヨウシィ ゲームをします。	Wǒ kàn diàn yǐng 我 看 电影。 ウオ カン ディエンイィン 映画を見ます。

中国のことわざと漢詩

中国語のことわざや漢詩をいくつか紹介します。
中国語でどのように言うのか確認してみてください。

xiào yi xiào　shí nián shào
笑一笑，十年少　1回笑えば10年若返る
シアオイィシアオ　シーニエンシャオ

笑一笑（xiào yi xiào）は、「1回笑う」という意味。動詞を重ねてつくる［動詞＋一＋動詞］の形は、「1度～する」ことを表します。「1度笑うと10年若返る」というのはいかにも大げさな表現ですが、何事も楽しく前向きに取り組もうというメッセージが込められています。

chē dào shān qián bì yǒu lù
车到山前必有路　案ずるより産むがやすし
チョァダオシャンチエンビィヨウルゥ

直訳すると、「車が山の前に到達すれば必ず道が現れる」という意味。このことわざは、「何かをやる前にいろいろ心配していたことが、いざやってみると意外と解決策は見つかるものだ」ということをたとえています。

dǎ zhǒng liǎn chōng pàng zi
打肿脸充胖子　やせ我慢をする
ダァヂォンリエンチォンパァンヅー

打肿脸（dǎ zhǒng liǎn）は、「顔をビンタして腫らす」こと。**充**（chōng）は、「～のふりをする」で、**充胖子**（chōng pàng zi）で「デブのふりをする」。全体で「ビンタで顔を腫らすことでデブのふりをする」という意味です。かなり痛そうな表現ですが「無理をする」「やせ我慢」の意味は十分に伝わりますね。

chī yí qiàn　zhǎng yí zhì
吃一堑，长一智　一度しくじったら、それだけ賢くなる
チーイィチエン　ヂァアンイィヂー

堑（qiàn）は「溝、堀」または「溝、堀に落ちること」を表します。**吃**（chī）は、ここでは「食らう」と理解すべきで、**吃一堑**（chī yí qiàn）で「一度、溝や堀に落ちてしまう」。**长一智**（zhǎng yí zhì）で、「1つの知恵を得る」。2つのフレーズをつなげると、条件と結果の意味が生じてきて、「溝や堀に落ちる度、そのぶん、1つの知恵がつく」となります。「失敗しても必ず学ぶことがある」をたったの6文字で言い表したことわざです。

gé háng rú gé shān

隔行如隔山　**職業が異なれば、相手の職業は皆目わからない**

グァハァンロゥグァシャン

行（háng）は、「職業、業種」という意味です。**隔**（gé）とは、「隔たる」。**隔行**（gé háng）で、「職業と職業との間」を表し、それが「**隔山**（山を隔てている）の如し」ということわざで、「自分の仕事に精通していても、異なる業種に行けばまったく歯が立たない」ことをたとえています。

Chūn xiǎo

春暁

チュンシアオ

Mèng Hàorán

孟浩然

モン ハオロァン

Chūn mián bù jué xiǎo

春眠不觉晓　**春眠暁を覚えず**

チュンミエンブゥジュエシアオ

Chù chù wén tí niǎo

处处闻啼鸟　**処処啼鳥を聞く**

チュウチュウウェンティニアオ

Yè lái fēng yǔ shēng

夜来风雨声　**夜来風雨の声**

イエライフォンユィション

Huā luò zhī duō shǎo

花落知多少　**花落つること知りぬ多少ぞ**

ホアルオヂードゥオシャオ

春暁（しゅんぎょう）　**孟浩然**（もう こうねん）

春の眠りは心地よく、夜が明けるのも気づかぬほど
ふと目覚めると、あちらこちらから小鳥のさえずりが聞こえてくる
そういえば、ゆうべは雨風の音が激しかった
今朝の庭は、花がどれほど散ったことだろう

唐の**孟浩然**（Mèng Hàorán）は自然詩の名手。春の名残を惜しむ詩とされますが、当時の官僚は未明のうちから出仕（勤めに出ること）しなければなりませんから、夜が明けても起きなくていいのはエリートコースからはずれていることの表れでもあります。一句目末の暁（xiǎo）、二句目末の鸟（niǎo）、四句目末の少（shǎo）が韻を踏んでいます。中国語で発音すると、漢文訓読よりもこのことを実感できるでしょう。

数字の表し方

本文で紹介しきれなかった数字の表現をまとめてみました。
中国語独自の言い方などもあります。注意して覚えてください。

0～10

0	1	2	3	4	5
líng 零 リン	yī 一 イィ	èr 二 アル	sān 三 サン	sì 四 スー	wǔ 五 ウゥ
6	7	8	9	10	
liù 六 リウ	qī 七 チィ	bā 八 バァ	jiǔ 九 ジウ	shí 十 シー	

11～99

11	12	13	14	15	16
shí yī 十一 シーイィ	shí 'èr 十二 シーアル	shí sān 十三 シーサン	shí sì 十四 シースー	shí wǔ 十五 シーウゥ	shí liù 十六 シーリウ
17	18	19	20	21	99
shí qī 十七 シーチィ	shí bā 十八 シーバァ	shí jiǔ 十九 シージウ	èr shí 二十 アルシー	èr shi yī 二十一 アルシーイィ	jiǔ shi jiǔ 九十九 ジウシージウ

100～10000

100	101	109	110	111	120
yì bǎi 一百 イィバイ	yì bǎi líng yī 一百零一 イィバイリンイィ	yì bǎi líng jiǔ 一百零九 イィバイリンジウ	yì bǎi yī shí 一百一十 イィバイイィシー	yì bǎi yī shí yī 一百一十一 イィバイイィシーイィ	yì bǎi èr shí 一百二十 イィバイアルシー
200	1000	1001	1010	1100	10000
liǎng èr bǎi 两 / 二百 リエン アルバイ	yì qiān 一千 イィチエン	yì qiān líng yī 一千零一 イィチエンリンイィ	yì qiān líng yī shí 一千零一十 イィチエンリンイィシー	yì qiān yì bǎi 一千一百 イィチエンイィバイ	yí wàn 一万 イィワン

中国語では101は、**一百零一**（yì bǎi líng yī）と言います。ここでの**零**（líng）は「ゼロ」という意味ではなく、「百、飛んで、一」という意味で、位と位の間に「空き」があることを表します。

いっぽう、110は、**一百一十**（yì bǎi yī shí）となり、十の位も位の数「**一**」を言います。ただ、十の位の後に端数がなければ、「**十**」が省略されることが多く、「**一百一**」となります。そのため、「**一百一**」は 101 ではなく、110 となるのです。紛らわしいですね。

こうした読み方のルールは、「**千**」の場合でも同じです。
1001 ＝**一千零一**（yì qiān líng yī） ⇄ 1100 ＝**一千一（百）**（yì qiān yī）となります。

西暦の言い方

1900 年	1999 年	2000 年
yī jiǔ líng líng nián 一九零零年 イィジウリンリンニエン	yī jiǔ jiǔ jiǔ nián 一九九九年 イィジウジウジウニエン	èr líng líng líng nián 二零零零年 アルリンリンリンニエン
2001 年	2022 年	2024 年
èr líng líng yī nián 二零零一年 アルリンリンイィニエン	èr líng èr èr nián 二零二二年 アルリンアルアルニエン	èr líng èr sì nián 二零二四年 アルリンアルスーニエン

人民元の単位と金額の言い方

近年のレートでは、**1 元（块）** = 16 円～ 19 円となります。100 **块**が人民元の最高額紙幣で 1600 円～ 1800 円前後です。口語では**元** (yuán) よりも**块** (kuài) が多く使われます。

	1 元	1/10 元	1/100 元
書面語	yuán 元 ユエン	jiǎo 角 ジアオ	fēn 分 フェン
口　語	kuài 块 クワイ	máo 毛 マオ	

2 块 クワイ	liǎng kuài 两块 リエンクワイ
10.2 块	shí kuài èr 十块二 シークワイアル
110 块	yì bǎi yī shí kuài　yì bǎi yī 一百一十块 / 一百一 イィバイイィシークワイ　イィバイイィ

巻末　数字の表し方

助数詞の使い方

中国語では数を数えるとき助数詞を使います。
日本語との違いに注意しながら見てみましょう。

日本語では物を数えるとき、物の性質や形を気にすることなく、「1つ、2つ…」のように言うことができます。これに対し、中国語はこのような便利な表現がありません。その代わり、物の性質、形に応じて、「1個、2個…」「1本、2本…」「1枚、2枚…」のようにさまざまな助数詞を使い分けながら、数を数えます。例を少し挙げます。

① リンゴ

yí ge **一个** 1つ イィグァ	yí ge píng guǒ **一个苹果** 1個のリンゴ イィグァピィングゥオ
liǎng ge **两个** 2つ リアングァ	liǎng ge píng guǒ **两个苹果** 2個のリンゴ リアングァピィングゥオ

个(ge)は、「個」の簡体字です。「2つ」の場合は、**两**(liǎng)を使い、**两个**(liǎng ge)となります。助数詞の前では、「2」は常に**两**(liǎng)で、[**两**＋助数詞]と覚えておきましょう。

② 本

yì běn **一本** 1冊 イィベン	yì běn shū **一本书** 1冊の本 イィベンシュウ
liǎng běn **两本** 2冊 リアンベン	liǎng běn shū **两本书** 2冊の本 リアンベンシュウ

本(běn)は、本を数えるときの助数詞で、日本語の「冊」と同じです。

③ ペン

yì zhī **一支** 1本 イィヂー	yì zhī bǐ **一支笔** 1本のペン イィヂービィ
liǎng zhī **两支** 2本 リアンヂー	liǎng zhī bǐ **两支笔** 2本のペン リアンヂービィ

支（zhī）はスティック状のものや、棒切れのようなものを数えるときの助数詞で、日本語の助数詞の「本」に訳すことができます（ただ、両者の使い方は完全には対応していません）。

以上の①～③で中国語の助数詞の複雑さが少し見てとれましたか。日本語の感覚ならリンゴ、本、ペンはすべて「1つ、2つ…」で数えられそうですが、中国語はこれらの物の形の違いに注意し、助数詞を使い分けなければならないのです。

人や物を数えるのによく使われる基礎的な助数詞を以下にまとめました。

助数詞	ともに使うおもな名詞			
ge **个** 個 グァ 人や物など	yí ge rén 一个人 イィグァ	1人	yí ge píng guǒ 一个苹果 イィグァピィングゥオ	1個のリンゴ
běn **本** 冊 ベン 冊子状のもの	yì běn shū 一本书 イィベンシュウ	1冊の本	yì běn zá zhì 一本杂志 イィベンヅァアヂー	1冊の雑誌
zhī **支** 本 ヂー スティック状のもの	yì zhī bǐ 一支笔 イィヂービィ	1本のペン	yì zhī yān 一支烟 イィヂーイエン	1本のタバコ
zhāng **张** 枚 ヂァアン 平面のもの	yì zhāng zhǐ 一张纸 イィヂァアンヂー	1枚の紙	yì zhāng zhuō zi 一张桌子 イィヂァアンヂュオヅー	1枚のテーブル
tái **台** 台 タイ 小型の機械など	yì tái diàn nǎo 一台电脑 イィタイディエンナオ	1台のパソコン	yì tái zhào xiàng jī 一台照相机 イィタイヂャオシエンジィ	1台のカメラ
liàng **辆** 台、両 リアン 車や自転車など	yí liàng zì xíng chē 一辆自行车 イィリアンヅーシィンチョァ	1台の自転車	yí liàng qì chē 一辆汽车 イィリアンチィチョァ	1台の車
shuāng **双** 足 シュアン 靴、靴下などペアのもの	yì shuāng xié 一双鞋 イィシュアンシエ	1足の靴	yì shuāng wà zi 一双袜子 イィシュアンワァヅー	1足の靴下
bǎ **把** 本 バァ 傘、鍵など	yì bǎ yǔ sǎn 一把雨伞 イィバァユィサン	1本の傘	yì bǎ yào shi 一把钥匙 イィバァヤオシー	1本の鍵

●著者

李菲（リ・フェイ）

1984年、中国・天津生まれ。立教大学外国語教育研究センター教育講師、慶応義塾大学外国語教育研究センター講師。
14歳で来日し、日本の中学、高校を卒業後、慶應義塾大学文学部に進学。大学・大学院時代は、中国語学および中国文学を専門として学び、とりわけ、現代中国語の文法が主な研究対象となる。現在の研究分野は現代中国語（北京語、北方方言）の文法。
2011年より教鞭をとり、現在は立教大学および慶応義塾大学で中国語を教えながら研究を続ける。専門分野である中国語学・文法を学習者のレベルに合わせて噛みくだいた、わかりやすく正確な説明が学生から支持されている。
著書に『中国語の並木道』（共著・白帝社）、翻訳書に『言語学の教室　哲学者と学ぶ認知言語学』（中公新書）中国語版など。

●イラスト　伊藤ハムスター
●録音　一般財団法人　英語教育協議会（ELEC）
●ナレーター　李洵
水月優希
●編集協力・DTP　オフィスミィ

勉強するほど面白くなる はじめての中国語

2023年3月25日　初版発行
2023年7月5日　第2刷発行

著者　李　菲
発行者　富永靖弘
印刷所　萩原印刷株式会社

発行所　東京都台東区台東2丁目24　株式会社　新星出版社
〒110－0016　☎03(3831)0743

ISBN978-4-405-01271-4